सोनी पांडेय

सोनी पांडेय का जन्म 12 जुलाई, 1975 को उत्तर प्रदेश के जनपद मऊ नाथ भंजन में हुआ। पूर्वांचल विश्वविद्यालय, जौनपुर से हिन्दी साहित्य में स्नातकोत्तर के बाद 'निराला का कथा साहित्य : कथ्य और शिल्प' विषय पर पी-एच.डी., बी.एड. और कथक डांस जूनियर डिप्लोमा भी किया।

उनकी प्रकाशित पुस्तकें हैं—'बलमा जी का स्टूडियो', 'तीन लहरें', 'मोहपाश' (कहानी-संग्रह); 'मन की खुलती गिरहें', 'आख़िरी प्रेम-पत्र' (कविता-संग्रह); 'निराला का कथा साहित्य : वस्तु और शिल्प' (आलोचना); 'उषाकिरण खान का कथा लोक', 'मैं और मेरे बचपन के दिन : लेखिकाओं के संस्मरणों पर केन्द्रित' (सम्पादन)। कई कहानियों और कविताओं का बांग्ला, मराठी, अंग्रेजी, उर्दू एवं नेपाली आदि भाषाओं में अनुवाद।

उन्हें 'शीला सिद्धान्तकर सम्मान', 'अन्तरराष्ट्रीय सेतु कविता सम्मान', 'माँ धनपती देवी कथा सम्मान', 'संकल्प साहित्य सर्जना सम्मान' तथा 'यशपाल कथा सम्मान' से सम्मानित किया गया है।

सम्प्रति : हिन्दी त्रैमासिक पत्रिका 'गाथान्तर' का सम्पादन।

ई-मेल : pandeysoni.azh@gmail.com

सुनो कबीर

सोनी पांडेय

लोकभारती पेपरबैक्स

लोकभारती पेपरबैक्स में
पहला संस्करण : 2024

लोकभारती पेपरबैक्स : उत्कृष्ट साहित्य के लोकप्रिय संस्करण

लोकभारती प्रकाशन
पहली मंजिल, दरबारी बिल्डिंग, महात्मा गांधी मार्ग
प्रयागराज-211 001
द्वारा प्रकाशित

शाखाएँ : 1-बी, नेताजी सुभाष मार्ग, दरियागंज, नई दिल्ली-110 002
अशोक राजपथ, साइंस कॉलेज के सामने, पटना-800 006
1, अनमोल सोराबजी संतुक लेन, धोबी तलाव, मरीन लाइंस, मुम्बई-400 002

वेबसाइट : www.lokbhartiprakashan.com
ई-मेल : info@lokbhartiprakashan.com

विकास कंप्यूटर एंड प्रिंटर्स
ट्रॉनिका सिटी-201 102
द्वारा मुद्रित

मूल्य : ₹199

SUNO KABIR
Novel by Soni Pandey

ISBN : 978-93-91099-17-6

सफ़र के सबसे मज़बूत साथी
सतीश जी के नाम

कथा-क्रम

साधो! हम कौन देश के वासी?

सुनोऽऽऽ!

सुनोऽऽऽ!

सुनोऽऽऽ!

शान्ति देश के परम प्रतापी, दयावान, धर्मरक्षक, प्रजापालक, न्यायप्रिय महाराजाधिराज धर्मदेव की आज्ञा है कि प्रजा तब तक भजन करती रहे, जब तक आकाश से अमृत की वर्षा न हो।

जब तक गायें दूध को सोना न बना देंऽऽऽ

जब तक मरता हुआ भूखा आदमी मुस्कराने न लगेऽऽऽ

गाय, भैसों के गोबर से औषधि बनने न लगेऽऽऽ

सुनोऽऽऽ!

अभी राजा के सिपाही मुनादी कर ही रहे थे कि लम्बू लवंडा ब्लाउज़ में से दस का नोट हाथ में लिये, पान चबाते, कमर मटकाते, नागिन की तरह चोटी लहराते मंच पर अवतरित हुआ।

मेहरबान!

क़दरदान!

दिलजान!

और हमारे रमेश भइया के जीजाजान!

रंग मिज़ाज अब्दुल्ला की तरफ़ देखकर आँख दबाते हुए—"हमारे इलाक़े के सरनाम अब्दुल्ला मियाँ के भाईजान!"

सुनिए! सुनिए! सुनिए...!

"हमारे नाच पर आख़िरी दस का नोट लुटाने वाले कल्लू रिक्शेवाले को हम हौले-हौले दिल से, प्यारे-प्यारे दिल से शुक्रियाऽऽऽ अदा करतेऽऽऽ हैं।"

वह कहते हुए अपने बदन को हिलाते हुए एक चुम्मा पब्लिक की तरफ़ उछालकर परदे के पीछे जाने लगा।

भीड़ से कुछ मनचले चिल्लाए, "अरेऽऽऽ! लम्बुआ लहँगा उठाउ सारे।"

अब तक बुत बने सिपाही फिर जागे।

सुनोऽऽऽ!

सुनोऽऽऽ

लड़के अपनी धुन में चिल्ला रहे थे, लम्बुआऽऽऽ!

सिपाही पिनककर पीछे चले गए, लम्बुआ प्रकट हुआ, बड़े मियाँ ने हारमोनियम पर तान दिया, छोटे मियाँ ने तबले पर थाप लगाई और लम्बुआ ने राग छेड़ा।

नज़र लागी राजा तोरे बँगले पे...

महफ़िल अपनी पूरी रवानी पर थी। गाँव इब्राहिमपुर में रामलीला के समापन के बाद कुछ विशेष नौटंकी की प्रस्तुति थी, जिसे लड़कों ने बहुत मेहनत से उस्मान मास्टर के निर्देशन में तैयार किया था। लड़कों की नौटंकी में लम्बुआ का नाच ख़ासा विघ्न डालता पर त्रुटि होने पर मंच सँभालता भी वही, इसलिए लड़के दाँत पीसकर रह जाते।

इब्राहिमपुर गाँव हिन्दू-मुस्लिम साझी आबादी वाला गाँव है और हर साल चढ़ते कुवार यहाँ दोनों कौम मिलकर रामलीला खेलते और ख़ूब जोश से दशहरे के मेला का आयोजन करते आए हैं। इस गाँव में एक संगीत प्रेमी

परिवार पता नहीं कब से रहता चला आ रहा है जो रामलीला, नौटंकी, कीर्तन में साज बजाता। मूलतः ये लोग आशिक़ बाबा उर्फ़ शहीद बाबा के मज़ार पर हर बृहस्पतिवार को क़व्वाली गाते।

भारत के तमाम संघर्षरत किसानों-मज़दूरों की व्यथा-कथा यहाँ भी व्याप्त है। यह मूलतः बुनकरों की सघन आबादी वाला गाँव है, जहाँ बिना किसी जातिगत बँटवारे के एक-तिहाई घरों में करघों का नाद सौन्दर्य व्याप्त है। चम्पा की उलझी तानी सलमा सुलझा जाती है तो सलमा को सुन्दर बेल-बूटे बनाना चम्पा सिखा जाती है। यहाँ लड़कियों का झुंड एक साथ कन्या पाठशाला से लेकर स्कूल, कॉलेज जाता रहा है। यहाँ सब कुछ सामान्य है, लड़के-लड़कियाँ इश्क़-मुहब्बत में एक-दूसरे को जवानी के जोश में ख़ून से ख़त लिखते हैं और सहेलियाँ और छोटी बहनें उसे पहले पढ़तीं फिर आशिक़ तक पहुँचाती हैं। फिर वक़्त-बे-वक़्त भाई-बहन को धमका इमोशनल ब्लैकमेल कर अपने काम निकालती हैं। कुछ आशिक़ पत्थर के टुकड़े में प्रेम-पाती लपेट खिड़की के रास्ते प्रेमिका की कोठरी में दिल का हाल पहुँचाने की नाकाम कोशिशें करते पकड़े जाते हैं और भाइयों द्वारा तोड़ाई के बाद किसी और दिशा में दिल लगाने निकल जाते हैं। अगर बूढ़ी जीरा फुआ की मानें तो ये दिलजलों का गाँव हैं। ख़ैर इनकी कथा फिर कभी।

हाँ तो मैं कह रही थी कि यहाँ प्रेम अँखुवाता है, जवान होता है पर परवान नहीं चढ़ता, कारण बड़े-बुज़ुर्ग हर हाल में मामले को सँभाल लेते हैं और इस तरह प्रेम के नाम पर मार-काट की घटना का यहाँ कोई इतिहास नहीं है। हाँ, एक बात ज़रूर है कि जब मेहरुन्निसा का हंडा आग पर चढ़ रंग उबालता है और इमरती देवी का कारवाँ गली से गुज़रता है तो गाहे-बगाहे झड़प हो ही जाती है। तब ज़रूर ये घोषणाएँ डंके की चोट पर होती हैं कि मियाने में किसकी बहन-बेटी हिन्दू के संग भागी तो हिन्दुआने की बहू-बेटी किससे-किससे टाँका भिड़ाए हैं। नाऊ का जनमा, जोलाहे

का जनमा कौन-कौन दोनों कौमों के बीच है की पोल-पट्टी खुलती और जमकर रड़वो-पुतवो का बखान होता।

मामला वाक् युद्ध से मल्ल युद्ध तक पहुँचते-पहुँचते फिर बड़े-बुज़ुर्ग हस्तक्षेप कर सँभाल लेते। इन दोनों की दुश्मनी का कारण बस इतना है कि जिस दिन मेहरुन्निसा घर से ज़ेवर-कपड़े समेट अपने प्रेमी प्रेमशंकर ऑटोवाले के संग भागने वाली थीं, इमरती देवी ने छत से रस्सी के सहारे उतरते देख लिया और हल्ला मचाकर मुहल्ला जगा दिया। उस रोज़ वह छत पर सोई थीं और आधी रात को पाँच घर दूर की घटना को अपनी बुलन्द आवाज़ से अंजाम तक पहुँचने से रोक लिया। झाँसी की रानी मेहरुन्निसा और उनके प्रेमी प्रेमशंकर पकड़े गए, दोनों की अन्दर-बाहर जमकर कुटाई हुई और हफ़्ते भर के भीतर चचाजात भाई से मेहरुन्निसा का ख़ानदान में निकाह पढ़वा कर घर वालों ने इज़्ज़त बचाई।

प्रेम का दर्द तो वक़्त के साथ भर गया पर बदनामी की टीस जनम भर की थी, सो मेहरुन्निसा और इमरती देवी का आमना-सामना किसी ऐतिहासिक युद्ध की घटना की तरह इब्राहिमपुर में कहा-सुना जाता। इमरती देवी डील-डौल में पूरी पहलवान चार बेटियों और पाँच बेटों की माँ थीं। पति ने इन्दिरा गांधी की नसबन्दी नीति के विरोध में नौ बच्चे पैदा कर ख़ुद को घोर समाजवादी घोषित किया था। जब इमरती देवी तीज-त्योहार में बेटी-बहुओं, नाती-पोतों-पोतियों का जुलूस ले निकलतीं तो रास्ते में मेहरुन्निसा की ड्योढ़ी पड़ती और जरा-सा धुआँ पा देखते-देखते आग लग जाती। मेहरुन्निसा और इमरती देवी की जानी दुश्मनी की कहानी अलग ही है, इसे भी यहीं छोड़ती हूँ।

हाँ तो नौटंकी का खेला चल रहा था, शीर्षक था 'शान्ति देश के राजा और शान्तिप्रिय प्रजा'। मास्टर उस्मान इस गाँव के एकमात्र घोषित लेखक, पत्रकार, निर्देशक और न जाने क्या-क्या थे। जवानी में सिनेमा में काम करने के लिए बम्बई भागे और लुट-पिट कर लौट आए पर अभिनय का

भूत नहीं उतरा। यहाँ आकर अपना थिएटर ग्रुप बनाया और कैफ़ी साहब की शरण में गए। वह जब अपने गाँव मेजवा आते उस्मान सरपट ख़बर पा भागते और उनसे नुक्कड़ नाटक से लेकर जन गीतों तक की चर्चा करते। उन्हीं के कहने पर इप्टा ज्वाइन किया। अपने गाँव के लड़कों को नुक्कड़ नाटक, जन गीतों और नौटंकी का प्रशिक्षण देकर दशहरे, ईद आदि के मेले की भीड़ के बीच जाकर अपनी प्रस्तुति देने लगे। कुछ लोग सराहते तो कुछ हिक़ारत भरी निगाह से देखते।

गाँव के आलसी और खलिहर लड़के जो दुनिया की निगाह में अपने संगीत प्रेमी होने के कारण नकारे थे, इनके शागिर्द बनते। इस क्रिया की भी घोर प्रतिक्रिया होती और कुछ के अब्बू तो कुछ के पप्पा से उस्मान की जमकर बहस होती, कभी-कभी मामला लड़कों को बिगाड़ने के नाम पर हाथापाई तक आ जाता पर मास्टर भी कम न थे। अपनी धुन के पक्के आदमी, हल्दी गुड़ पीकर फिर से नाटक-नौटंकी में लग जाते।

उस्मान मास्टर का घर अख़बारों, साहित्यिक पत्रिकाओं का ज़ख़ीरा था। कहते, "मुझे किताबों की गन्ध से नशा होता है, इतना कि अगर इनके बीच न रहूँ तो भूख-प्यास-नींद न आए।"

साल में दो-तीन महीने सतुआ-पिसान ले दिल्ली-बम्बई देश-दुनिया का बदलाव जानने निकल जाते और वापसी में बोरे में भरकर किताबें लाते। रोज़ शाम को उनके दुवार पर नाटकों का रिहर्सल चलता, लड़के बाक़ी पात्र तो सहजता से कर लेते पर औरतों के किरदार में ख़ासी मुश्किलें आतीं। गाँव में कौन अपने घर की औरतों को खेल-तमाशा करने को जाने दे। एक थे फेकू जो इस मुश्किल को हल करते पर दूसरी महिला पात्र के नाम पर मास्टर को लड़कों को तैयार करने में पसीना छूट जाता। एक दिन ग़ुस्से में मास्टर ने हज्जाम को बुला दाढ़ी छिलवाई और ख़ुद ही महिला पात्र के लिए तैयार होकर बड़ी बहस को जन्म दिया। पूरे इलाक़े में थू-थू, छी-छी मची पर नाटक हिट रहा।

मास्टर उस्मान सामयिक मुद्दों को नौटंकी में बड़ी कारीगरी से उठाते और जनता रोते-हँसते सार तक पहुँच जाती। मन्दिर-मस्जिद के संवेदनशील मुद्दे को उस्मान बार-बार अपने नाटकों में बड़ी सजगता से उठाते, महँगाई, बेरोज़गारी, दहेज़, जातिवाद आदि की समस्या को ऐसे उठाते कि दर्शक अन्त में ज़रूर कहते कि सच तो यही है।

उस्मान अपने महबूब शहर के मीडिया द्वारा आतंकगढ़ घोषित किए जाने से बहुत दुखी रहते। वे अपनी सारी जमा-पूँजी नाटकों में झोंककर नाटक मंडली को पाल-पोस रहे थे। यह घर-फूँक तमाशा था जिसे मास्टर उस्मान पूरी ज़िन्दादिली से खेले जा रहे थे। घरवालों ने घर फूँक इस नौटंकी के आशिक़ से एक दिन नाता तोड़ लिया। बड़े भाई ने आरोप लगाया कि वे मज़हब को नुक़सान पहुँचा रहे हैं। भाभियाँ अलग नाराज़ कि इस तरह से नाटकों में उनके औरत बनने से जो बदनामी हो रही है उससे उनकी बेटियों का ब्याह मुश्किल हो जाएगा। उस्मान समझदार थे, पिता ने पाँचों बेटों को एक रात सामने बिठा सबके हिस्से बाँट उस्मान को पारिवारिक विवाद से मुक्त किया। पिता शायरी करते थे, इसलिए बेटे की मुश्किलें शायद समझते थे सो मुक्त किया घरबार से और ख़ुद भी उस्मान के साथ अपनी बेवा बहन के साथ आ रहने लगे। पिता सरकारी स्कूल में मास्टर थे, अच्छी पेंशन मिलती थी पर रात-दिन चिन्ता में रहते कि उनके बाद उस्मान का क्या होगा? समझा-बुझाकर मदरसे में नौकरी दिलाई और गाँव के बाहर सड़क के किनारे की अपनी ज़मीन पर चार कमरों का घर बनवाकर निश्चिन्त हुए कि कम-से-कम उस्मान के सिर पर छत रहेगी उनके बाद।

उस्मान थोड़े मज़बूत हुए तो गाँव में कैफ़ी आजमी रंगमंडल की स्थापना कर घर की बाहरी कोठरी में एक पुस्तकालय खोला। शाम को लड़कों को देश-दुनिया के क़िस्से सुनाते और नाटकों का प्रशिक्षण देते। क़व्वाल अब्दुल मियाँ की मंडली कभी-कभी सारंगी, हारमोनियम और तबले की

संगत में जब क़व्वाली गाती तो माहौल एकदम सूफ़ियाना हो जाता। कुछ जलने-चिढ़ने वाले ज़रूर वहाँ से गुज़रते वक़्त 'मुज़रा चालू है' कहकर अपनी हदस को ठंडा करते, पर उस्मान तो उस्मान थे। पूरे मस्त कलन्दर, इलाक़े भर के हताश-निराश, घर से भगाए क्रान्तिकारी विचारों के युवाओं का सराय बन चुका था कैफ़ी आजमी रंगमंडल। यहाँ मनुष्यता की छाँव में जीवन की सबसे सुन्दर संगीत धुन बज रही थी कि आफ़त आई। पूरे देश में देखते-देखते तूफ़ान खड़ा हो गया था उस साल, जब अयोध्या में मस्जिद गिरी थी। चारों तरफ़ मार-काट, अल्लाह हो अकबर, और जय श्रीराम के नारों के बीच देखते-देखते उनका गाँव इब्राहिमपुर दो कौमों में बँट गया। पहले कभी ऐसी ख़ामोशी धर्म के नाम पर उनके गाँव में नहीं हुई थी। हिन्दू मुसलमान इलाकों से और मुसलमान हिन्दुओं के मुहल्ले से गुज़रना छोड़ रहे थे। इब्राहिमपुर उस्मान के लिए मुल्क की धड़कन था और उनका गाँव देखते-देखते दो धड़ों में बँट चुका था।

ख़ैर वक़्त बड़े से बड़े घाव को भर देता है। वह पहले वाली बात तो अब नहीं रही पर धीरे-धीरे गाँव का जीवन पटरी पर लौटने लगा था। वह उस्मान के जवानी के दिन थे, लम्बी क़द-काठी, गोरा रंग और माथे पर लटकती ज़ुल्फ़ें, लड़कियाँ इस शायर को देख आहें भरतीं। और शायर उस्मान को इश्क़ हुआ भी तो किससे, लच्छू मास्टर साहब की बेटी सुमन से। बेचारे ख़त लिख-लिख बहनों से प्रेमिका को भेजते और उधर के जवाबी ख़त का इन्तज़ार करते। एक दिन सुमन की चिट्ठी बड़ी भाभी के हाथ लगी तो घर में कुहराम मच गया। लच्छू पंडित जी सिर पर पैर रख उस्मान के अब्बू के पास भागे। दोनों ने एक-दूसरे को ढाढ़स बँधाया, उस्मान को डाँट-फटकार, समझाना-बुझाना चलता रहा और झट-पट सुमन का ब्याह तय कर दिया गया।

उस्मान का हाले आलम यह था कि 'काटो तो ख़ून नहीं'। पहली मुहब्बत भुलाए नहीं भूलती। उस्मान रात-दिन ग़म में डूबे रहते पर हौसला नहीं हारे, कारण सुमन का वह आख़िरी ख़त था जिसमें उसने लिखा था

कि 'मैं तुम्हारी शायरी से प्रेम करती हूँ, लिखते रहना, मैं जहाँ रहूँगी पढ़कर जान लूँगी कि तुम मुझसे कितनी मोहब्बत करते हो, देह लिये जा रही हूँ क्योंकि मिलना इस जन्म में सम्भव नहीं पर मन तुम्हारे पास छोड़ चुकी हूँ, जनम भर के लिए, सँभालना वरना मर जाऊँगी।'

उस रात उस्मान ख़ूब रोए, रात भर रोते रहे और प्रेमिका की शादी के लिए मुबारकबादी ग़ज़ल लिखते रहे। अगले दिन ब्याह की महफ़िल में ग़ज़ल गाकर, आँसुओं के सैलाब को मन में सहेज घर लौट आए पर दुबारा किसी से दिल नहीं लगा पाए, आजीवन कुँवारे रहने का संकल्प ले युवाओं में जोश भरते रहे।

दुनिया इधर तेज़ी से बदल रही थी। लखनऊ से चली सिक्स लेन सड़क आजमगढ़ की सरहद तोड़ कभी गाँवों को उजाड़ती, कभी क़स्बों और बाज़ारों को ढहाती, खेत-खलिहानों को रौंदती आगे बढ़ रही थी। इब्राहिमपुर के पूरे साल धूल और गर्द से भरे रहे। सबके फेफड़े धूल और गर्द से फूल रहे थे, घरों पर धूल का बवंडर मँडराता रहता, जैसे चारों तरफ़ रेगिस्तान हो। धूल फाँक रहे लोग फिर भी ख़ुश हैं कि विकास आ रहा है। शहर के व्यापारी बीघे के बीघे खेत ख़रीद बाउंड्री उठवा रहे हैं। जिधर से सड़क निकल रही है उधर के खेतों के दाम आसमान छू रहे हैं। मास्टर उस्मान को छोड़ सब ख़ुश हैं कि अब उनका गाँव टाउन एरिया हो जाएगा। बाज़ार नजदीक होगा और लड़कों को दुकान-धन्धे में लगाना आसान हो जाएगा।

मास्टर सुनते तो तमतमा जाते, "मियाँ जो खेत गए तो खाओगे क्या? मत भूलो कि ये सड़क तुम्हें रोटी देने नहीं तुमसे रोटी छीनने आ रही है। इन गाँवों को स्कूल, अस्पताल की ज़्यादा ज़रूरत है, बुनकरों को सरकारी अनुदान और सस्ती बिजली की ज़रूरत है। आज तक हकीम हो या नेता, एक बुनकर हाट की माँग तो पूरी न कर पाए पर अपने पूँजीपति आकाओं को हमारे खेतों तक पहुँचाने के लिए सिक्स लेन, फोर लेन सड़क बना गाँवों को ज़रूर उजाड़ेंगे।"

वह सिर पकड़ बैठ जाते, सुनने वाले व्यंग्य में मुस्कराते निकल जाते। उस्मान नम आँखें लिए शहीद बाबा के मज़ार के पास आकर बैठ जाते। मज़ार की ओर देखकर कहते, "इन ज़िन्दों से तुम मुर्दे भले हो, कम-से-कम लोगों की उम्मीद तो तुमसे बँधी है कि मुरादें पूरी करोगे। जानते हो ये पूरा देश मुर्दों का देश होता जा रहा है, सब साले वह देख-सुन रहे हैं जो दिल्ली दिखा रही है। सब नशे में हैं, जात, धर्म का नशा, बड़े-छोटे का नशा बढ़ता ही जा रहा है। या मौलाऽऽऽ! मेरे मालिकऽऽऽ! रहम करो अपने बन्दों पर, कुछ तो बचे।"

वह रो रहे थे, साथ ही साथ बड़बड़ा भी रहे थे। इधर गाँवों में तेज़ी से शौचालय बन रहे थे पर औरतें भी कम न थीं। सुकउवा के उगते टॉर्च हाथ में ले खेतों की ओर निकल जातीं। यही वह समय होता है गाँवों में जब औरतें एक-दूसरे से पूरे गाँव का हाल जानती हैं। शौचालय जलावन की लकड़ी रखने के काम आ रहे थे। इधर आए दिन मास्टर उस्मान को भोरे मज़ार से बतियाते देख औरतें मारे डर के उलटे पैर टोले की तरफ़ भाग खड़ी होतीं। पूरे गाँव में हल्ला मचा कि मास्टर के सिर पर जिन्नात बैठ गया है तो कोई कहता घायल आशिक़ पगला रहा है। यह हालत है मास्टर उस्मान की गाँव इब्राहिमपुर में, इनकी कथा भी यहीं छोड़ती हूँ।

हाँ तो बात अधूरी रह गई थी मेहरुन्निसा की। मेहरुन्निसा लम्बे क़द, सुडौल शरीर की पहाड़ जैसी औरत, आप उसे मन, कर्म और वचन से औरत देह में तीन मर्दों की ताक़त रखने वाली औरत कह सकते हैं, ऐसी मान्यता थी पूरे इब्राहिमपुर गाँव में। ख़ूब मेहनती, पूरे गाँव का सूती तकुए का धागा लच्छा बना रँगना, सुखाना और फिर लुंडी बना बुनकरों को देना इसी का काम है। इसके रंगे धागे की साड़ियों का रंग इतना पक्का होता कि साड़ी फट जाती पर रंग नहीं जाता।

मेहरुन्निसा के इस काम में उतरने से पहले धागा दूसरे गाँवों से आता और कभी-कभी समय से न मिलने पर हफ़्तों करघे बन्द पड़ जाते और बुनकरों

को खाने के लाले पड़ जाते। मन्दी के समय कारोबार पर इतना बुरा असर पड़ा कि बुनकरों को करघे, लूम बन्द कर दिहाड़ी मज़दूरी करनी पड़ी और घर की दाल-रोटी तक का जुगाड़ भारी पड़ने लगा। उन दिनों मेहरुन्निसा पूरे गाँव की तारणहार बनी। अपने गहने बेचकर शहर से धागा थोक में उठाया और लोन ले पावर लूम लगाया। धागे को रँगने की आधुनिक विधि सीखी और बड़े पैमाने पर काम शुरू कर पूरे गाँव को मातम से बाहर निकाला। इन दिनों मियाँ-बीवी इस गाँव के सबसे बड़े कारोबारी थे। व्यापार में भी मेहरुन्निसा बड़े दिल की औरत है, जब तक बुनकर अपना माल बेच नहीं लेते तब तक पैसे का तक़ाज़ा नहीं करती, उलटे मुसीबत में सौ-पचास दे ही आती। ज़बान की तेज़, दिल की नेक मेहरुन्निसा इस गाँव की धड़कनों में बसी गाँव को बसाए हुए थी।

इन्हीं के शौहर मेला समिति के अध्यक्ष हैं, चाहे ईद का मेला हो या दशहरे का, सबका लेखा-जोखा यही रखते। रामलीला का आयोजन बड़ी संजीदगी से होता, सभी सबकी भावनाओं का ख़याल रखते। कोई माने न माने पर यह गाँव ऐसा ही है, मुसलमानों की मैयत में हिन्दू सिर झुका कर शरीक होते और जनाज़े को कन्धा देते और हिन्दुओं की शवयात्रा में मुसलमान शामिल होते। ब्याह-शादी तो गाँव की साझी ज़िम्मेदारी हो जैसे। अभी आधुनिकता की वैसी बयार यहाँ नहीं चली थी जैसी दुनिया-जहान में चल रही थी। आज भी भोज-भात के बर्तन गाँव घर में मिल जाते, लोग मिल-जुल कर भंडारे का आयोजन कर लेते, हाँ जो सक्षम थे वह ज़रूर शहर से टेंट हाउस से साज़ो-सामान मँगाते पर उसे देखकर कहीं किसी के मन का राग-द्वेष खुलकर सामने अभी तक नहीं आया था।

इब्राहिमपुर गाँव में हल्ला-गुल्ला मचता तो लोग जान जाते कि लड़के ज़रूर चन्दा-चुकड़ी माँगने निकले हैं, छोटी जात के किसानों-मज़दूरों के इस गाँव में भला इक्कीस-ग्यारह रुपया से ज़्यादा चन्दा देने की हैसियत किसकी थी, वहीं वसीम मियाँ साल भर एक-एक पाई जोड़-तोड़ कर गाँव

के युवाओं के उत्साह को बचाए और बनाए रखने के लिए आयोजनों के रुपये जोड़ते रहते। लड़के चन्दे का पैसा कम मिलने पर उनके दुवार पर धरना देते और मेहरुन्निसा चिल्लम-चिल्ली करती डराती-धमकाती-भगाती हज़ार-पाँच सौ अधिक ही देकर विदा करती।

पिछले दो चुनावों से वसीम मियाँ निर्विरोध गाँव के प्रधान चुने जा रहे थे। गाँव में सालोसाल सड़क खड़ंजा नाली का काम चलता और कहीं-कहीं गोतिन-दयादिन के दुवार-खेत के बँटवारे में अटक जाता। सुलह-समझौते, रूठने-मनाने के दौर चलते रहे और इब्राहिमपुर में देखते-देखते विकास की सड़क का रेला घुसने लगा। उस्मान मियाँ की बेचैनी उतनी ही बढ़ती जा रही थी जितनी तेज़ी से सड़क गाँव की सीमा में घुस रही थी।

इब्राहिमपुर इस देश की साझी विरासत का ख़ूबसूरत नमूना, एक साथ शहीद बाबा के मज़ार से लोहबान की गन्ध तो बग़ल में बैठे ब्रह्म बाबा के चौरे से अगरबत्ती की सुगन्ध उठती। मस्जिद से उठी अज़ान की आवाज़ से बच्चों की भोर होती तो मन्दिर की आरती की घंटी आगाह करती की सतबजहिया पैसेंजर के आने का समय हो गया है। मौलाना जी से लेकर बड़े मियाँ तक पुजारी जी के दरवाज़े पर भरूके में चाय पी आते और पंडित जी के घर कार-परोजन में गाय का दूध पहुँचा जाते। सब हँसते-खेलते चल रहा था। रास्ते में चूड़िहारिन शबनम भी पड़ती और चढ़ावे का जल लेकर जाती बूढ़ी आजी छी मानुस, छी मानुस करती इधर-उधर बचती और शबनम मज़े लेने के लिए उन्हें गली में घेरती तो लोग हँस-मुस्करा लेते पर गाली-गलौज से बचते।

यहाँ ऐसा भी नहीं था कि जाति-धर्म के नाम पर भेदभाव नहीं था पर लोग बच-बचाकर आगे बढ़ रहे थे। अभी पिछले एकादशी को ही बूढ़ी पंडिताइन डंडा ले युद्ध पर अमादा थीं, केवल इस बात पर की दलेर बो चमाइन उनका लोटा छू दी थी। ख़ूब रणहों-पूतहों किया बुढ़िया ने, दलेर बो भी हाथ चमका-चमका उनको क़ानून गिना गईं, गाँव की मिडवाइफ़ थीं।

कमाती थीं, पढ़ी-लिखी औरत अकसर उन घरों में पानी पीने से इनकार कर देतीं, जहाँ घर के पुराने टेढ़े-मेढ़े गिलास में पानी आता। इधर गाँवों में ऐसा ही है, सवर्णों में जाति को लेकर बहुत अमानवीय बर्ताव आज भी गाँवों में कमोबेश व्याप्त है। दलित मज़दूरों को केले के पत्ते, पत्तल या घर के पुराने बहरियाए बर्तनों में ही भोजन गृह स्वामिनियाँ देती चली आई हैं। पढ़े-लिखे लोग धीरे-धीरे मुक्त ज़रूर हो रहे हैं पर देश में जाति की जड़ बहुत गहरी है, निकलने में अभी लम्बा समय लगेगा।

इन सब के बाद भी चार पट्टी के इस गाँव का एका आज तक कायम था। इक्कीसवीं सदी के आरम्भ से ही इस गाँव में बदलाव की बयार चल पड़ी थी, सामाजिक दूरियाँ ख़ुद-बख़ुद कम हो रही थीं। लड़के मीट-मुर्ग़ा, मछरी खाकर पचा लेते और घर में नहीं बताते, एक-दूसरे के घर आते-जाते बड़ों से नज़रें बचाकर उन्हीं बर्तनों में खिलाते-पिलाते जिनमें ख़ुद खाते। इस बदलाव पर घर की औरतें ज़रूर हल्ला-बवाल करतीं, पर मर्द मौन धरे अघोषित समर्थन कर रहे थे। जानते थे कि बाहर की दुनिया तेज़ी से बदल रही है सो ख़ुद को बदलना भी उतना ही ज़रूरी है।

कितना तो सुन्दर था यह गाँव कि एक दिन जैसे पूर्ण सूर्य ग्रहण लग गया हो, मुस्लिम आबादी एकदम से मुसलमान हो गई। बाबरी मस्जिद का फ़ैसला आया और उसके कुछ ही दिन बाद नागरिकता संशोधन बिल। अँधेरे की एक मोटी परत धूल-धक्कड़ संग गाँव में विकास की सड़क के साथ घुस रही थी। बड़ी-बड़ी गाड़ियों में नेता-अफ़सर आ रहे थे। आस-पास के मज़दूरों को काम मिल रहा था। खेत चार गुने बड़े दाम में निकल रहे थे। बढ़ रहा था गाँव में कोलाहल और इस शोर में जय श्रीराम और अल्लाह ओ अकबर नारा आए दिन दहशत फैला रहा था।

उस्मान मास्टर रात भर लिखते, पन्ने फाड़ते, काग़ज़ों के ढेर को देखकर फफक कर रो पड़ते, सोचते कि अब कौन-सी कहानी लिखें जिस पर लड़के उत्साहित हो नाटक-नौटंकी खेलें जिससे गाँव बचे, गाँव के लोग

बचें और बची रहे उनकी साझी संस्कृति। उस्मान के रोने से अब किसी को फ़र्क़ नहीं पड़ता। यह गाँव जो करघे के नाद सौन्दर्य सुन आँख खोलता अब घर-घर राम और अल्लाह की चीख़ में बदल रहा था।

इन दिनों इब्राहिमपुर में एक पागल आशिक़ हर सुबह डफली ले घर से निकल जाता है और गली-गली घूमते हुए गाता फिरता है—

चल उड़ जा रे पंछीऽऽऽ
यह देश हुआ बेगानाऽऽऽ।

यह धरती जिसे उनके बाप-दादाओं ने आबाद की थी, अब उनके हाथ से छूट रही थी। कहते हैं कि कभी यहाँ घना जंगल हुआ करता था जिसे उनके पुरखे इब्राहिम खाँ ने आबाद किया। घरवालों ने इब्राहिम ख़ाँ को घर से बेघर किया तो जान बचाकर इसी जगह शरण लिये थे, फिर धीरे-धीरे उनका कुनबा बढ़ता गया और इस जगह को इन्हीं के नाम से जाना जाने लगा।

इस देश में इतने कितने गाँव, नगर, मुहल्ले हैं जिन्हें इब्राहिम ने आबाद किया था लेकिन आज उनकी इस मौजूदगी पर ही सवाल खड़ा हो चुका था। देश उबल रहा था, दिलों में तूफ़ान था और उस्मान की आँखों में आँसुओं का सैलाब।

नाच

इस दुनिया में बहुत दुख है, इतना कि मनुष्य ख़ुद को सँभालते-सँभालते ही अपना पूरा जीवन होम कर देता है। देखें तो इनसान का पूरा जीवन ही एक नाच है और वह नाचता ही चला जाता है, जीवन चक्र के चारों तरफ़ चकरघिन्नी की तरह। सब उसके नाच पर आनन्दित होते हैं, ताल ठोंकते हैं, तालियाँ बजाते हैं, जो जितना अच्छा नचनिया उतनी ही ज़्यादा वाह-वाह।

आज फेकू को बारात के सट्टे पर निकलना है, तीन बजने को है, ठेकेदार चार बार फ़ोन करके टाइम से आने की चेतावनी दे चुका है। उम्र बढ़ रही है, चेहरे की कोमलता झड़ रही है जैसे बासी फूल झड़ रहे हों, वह सुबह ही हाट जाकर राधे नाई से गोल्ड वाला फेशियल, ब्लीच, थ्रेडिंग कराकर आया है। बालों को शैम्पू से धोकर बार-बार गर्दन झटक-झटक कर देख रहा है कि वे लहरा रहे हैं कि नहीं। अब बालों में वह लहर नहीं बची थी, चालीसवें बसन्त को पार करते मर्द के बाल माथे से धीर-धीरे विदा ले रहे थे। बढ़ते प्रतिस्पर्धा के दौर में नचनिया के सिर पर बाल न हों तो चेहरे पर स्त्री सौन्दर्य की मोहिनी छटा कैसे आए? वह सोचता और निराश हो जाता। अपना दुख उस्मान मास्टर से एक दिन कहते हुए रो पड़ा, "उस्ताद! अब मन उबिया रहा है, आप कहते हैं कला से प्रेम करो और दुनिया को

चिकनी-चुपड़ी लौंडियों का ख़ाली चेहरा चाहिए। उ देखा आपने! पाँड़े के बारात में उसने डीजे पर नाचने के लिए लड़कियाँ बुलाईं तो क्या हुआ। जवन भुवन राय मेरे नाच पर कभी गड्डी तोड़ते थे अब दस की नोट में काँखने लगते हैं। वही वहाँ पाँच-पाँच सौ की नोट उड़ा रहे थे।"

उसकी आँखों से दो मोटी जलधाराएँ बह निकली थीं। उस्मान उसी दिन जाकर राधे नाई को बम्बई से रेशमी लहरदार बालों का विग फेकू के लिए मँगाने का ऑर्डर दे आए थे। फेकू का मनोबल नहीं टूटना चाहिए, वह है तो उनकी नाट्य मंडली है, ऐसे कैसे हार मानने देंगे उसे। कितना सुन्दर गाता है फेकू...

दियना में बतिया बार के
सइयाँ सुतही ना दें सारी रात...

पब्लिक ताली बजाकर दाद देती, भुवन राय तो इस गीत के ऐसे आशिक़ थे कि पूछो मत। गमछे का कोना मुँह में दबाकर साथ ठुमक उठते थे। फेकू का जोश परवान चढ़ता...

सुतही ना दें सारी रात
राजा सुतही ना दें...
सइयाँ सुतही ना दें...

उसकी पतली-लचकती कमर, बड़ी-बड़ी आँखों के मटके, पैरों में बिजली-सी चपलता और घुँघरू की झनक पर मर्द मंडली पूरी रात वाह-वाह करती। औरतें कोने-अँतरे से लम्बा घूँघट तान देखतीं और ताली बजाकर उसकी स्त्री जनित भंगिमाओं पर हँसतीं।

फेकू का सबसे बड़ा दुख यह था कि वह जिस नाच को अपनी कला मानता था, जो उसके लिए पूजा, उपासना, इबादत थी, वह दुनिया के लिए मौज-मस्ती का एक बेहद सस्ता और चलताऊ माध्यम था। उसकी पूछ

शादी-ब्याह के मौसम में परछन और द्वारपूजा पर नाचने के लिए और फिर सारी रात शामियाने में शराब पीकर धुत्त, इधर-उधर लड़खड़ाते गिरते उन युवाओं का मनोरंजन करने के लिए जिनके अन्दर का मर्द किसी स्त्री को दबोच लेने को आतुर रहता। लड़के उसके शरीर से इस तरह छेड़छाड़ करते जैसे किसी स्त्री देह को नोच लेना चाहते हों। वह कसमसाकर रह जाता। चीख़ना-चिल्लाना चाहता, कभी-कभी उनको लात मारना चाहता लेकिन पेट की आग बहुत बड़ी होती है। उसे पालना था अपने चार बच्चों का पेट, उसे पूरी करनी थी अपनी पत्नी की इच्छाएँ, जिनका कोई अन्त नहीं था। पत्नी अपनी बहनों की तरह सुखी और सम्पन्न जीवन चाहती थी। जिस ब्याह के लिए कभी बागी हुई थी, वह अब धीरे-धीरे बड़ी भूल लगने लगा था। बहनें, भौजाइयाँ उसे नीचा दिखा और आग में घी डालने का काम करतीं।

बड़ी-बड़ी आँखों वाली मनोरमा से जब फेकू का ब्याह तय हुआ तो वह बहुत ख़ुश था। मनोरमा उसकी फुआ के गाँव की लड़की थी। वह किसी नाच में वहाँ गया हुआ था। किशोर फेकू मनोरमा को देखते ही अपना दिल हार बैठा। मनोरमा भी उसके नाच पर ऐसी मोहित हुई कि घर-बार सब छोड़कर भागने तक को तैयार थी उसके साथ। ख़ूब हो-हल्ला मचा, एक जात-बिरादर होने पर भी मनोरमा के पढ़े-लिखे भाई किसी नचनिया-गवनिया को अपनी बहन देने को तैयार नहीं थे। मनोरमा के संग मारपीट हुई, इधर फेकू भी कई बार उसके स्कूल के पास पकड़े गए और तोड़े गए। एक बार तो मनोरमा के भाइयों ने साइकिल छीनकर रख ली और जेब की अठन्नी-चवन्नी तक झार ली। बेचारे हदसे-पियासे तीन दिन में पैदल टाँग घिसियाते, रोते-गाते घर पहुँचे। अबकी इनके पिता को ताव चढ़ा और पहुँच गए मनोरमा के दुवार पर और उसके बाप को धमकी दे आए कि देखता हूँ कि बेटी किसी और को कैसे देते हो। ख़ैर! दो साल की सिर फुटौवल के बाद थक-हार कर मनोरमा का बियाह फेकू से तय हो गया। अब वह रात-दिन एक करके कुछ पैसे जोड़ने में लग गए।

इस लगन में एक भी सट्टा नहीं छोड़ा, वरना जहाँ दाम अच्छे न मिलते, नोग-जोग की आमद अच्छी न दिखती पहले ना बोल देते पर उन्हें कुछ भी करके मनोरमा के लिए गहने बनवाने थे, बारात अच्छी ले जानी थी। वे कोई कसर नहीं छोड़ना चाहते थे। ब्याह में मनोरमा का सिर भौजाइयों के सामने झुकने न पाए।

फेकू मनोरमा के साथ एक सुखमय जीवन की कल्पना में भरे उसे ब्याह कर अपने घर लाए तो एक ही कामना थी कि उसे हर हाल में ख़ुश रखना है। किसी भी तरह कुछ भी करके, वह लगन के दिनों में सट्टे पर नाचते और उसके बाद मेहनत-मज़दूरी करके अपनी घर-गृहस्थी की गाड़ी को आगे बढ़ाने की जी-जान से कोशिश करने लगे। आठवीं पास फेकू बहुत पढ़े-लिखे तो नहीं थे लेकिन कबीर को ख़ूब पढ़ा था। कबीर के दोहे उसे कंठस्थ थे। उनके दोहों की व्याख्या वह किसी बड़े विद्वान की तरह कर सकता था। वह जब कबीर के दोहों की व्याख्या करने लगता तो अच्छे-अच्छे विद्वान मुग्ध हो जाते और कभी-कभी बाबू साहब, पंडित जी लोग पिनक कर कहते कि "हाँ सारे...! कुल विद्या तू ही ले के बइठल हवे।"

इन बातों से वह कभी ख़ुद को अपमानित महसूस नहीं करता, ना जाने क्यों अपमान को पी लेना उसने अपने ख़ून में ही जैसे घुला-मिला लिया था। वह अकसर अतीत के बक्से का ताला खोलकर बैठ जाता और सामने का सब कुछ भूल जाता। इन दिनों वह रह-रह कर निराशा की चादर ओढ़कर बैठ जाता और घंटों रोता रहता। दुनिया हँसते-गाते आदमी के भीतर का सन्नाटा देख ही नहीं पाती या देखना ही नहीं चाहती, जो भी हो पर यह दुखद पक्ष है हमारी दुनिया का।

अचानक फ़ोन की घंटी बजी। फेकू सकपका कर उठे, उधर से ठेकेदार तमतमाए हुए चिल्लाए जा रहा था, "का बे लम्बुआ! दिमाग़ ठिकाने नहीं है का बे!" जब खलिहर बैठे रहते हो ससुर तो सौ बार फ़ोन मिलाते हो। इधर परछन का बुलावा आ गया अउर तुम लापता हो।"

वह दाँत पीस-पीस चिल्लाए जा रहा था। फेकू की तन्द्रा लौटी तो कपार पीट लिये। ये तो ग़नीमत थी कि मनोरमा हमेशा की तरह उसका साज़ो-सामान झोले में तैयार रखे थी वरना सट्टे का जै सियाराम हो जाता। वह झोला उठा मोटरसाइकिल भगाए देवता-पित्तर गोहरा रहे थे कि जल्दी पहुँचें वरना बैंडमास्टर महेन्दर उसकी बैंड पहले बजाएगा, बारात की बाद में। दस किलोमीटर की यात्रा पन्द्रह मिनट में तय कर वह धीरे से प्राइमरी स्कूल के अहाते में पहुँचा। महेन्दर के साथ बाक़ी बजनिया अपनी वर्दी पेटी पहन कर तैयार हो चुके थे। लल्लन ने फेकू को देखा तो झट उसके पास भाग कर आए। दोनों पुराने साथी थे। जल्दी-जल्दी पैंट-शर्ट उतार कर, लहँगा-चोली पहना, लल्लन ने चोली में दो गेंद डाल कर सेट कर हुक बन्द करते उसे गुदगुदी की, "वाह राजा! जम रहे हो।"

फेकू मुस्कराते हुए चेहरे को सजाने लगे। इधर यू-ट्यूब की मदद से चेहरे के मेकअप का नया तरीक़ा सीख ख़ूब क़रीने से आँखों को सजाते, होंठों पर लिपस्टिक की कई परतें लगाकर होंठों को मिलाकर रंगत बराबर करते। हार, झुमका पहन, पैरों में घुँघरू बाँध, सिर पर घने बालों का विग लगा ही रहे थे कि बैंडमास्टर महेन्दर जो ठेकेदार भी था, ने सभी सहयोगियों को आवाज़ लगाई। आवाज़ सुनते ही सभी अपना साज़-बाज लेकर क़तार में लग गए। महेन्दर अन्दर-ही-अन्दर फेकू को न पाकर लहक रहे थे। परछन के लिए महिलाओं का समूह दरवाज़े से निकलने लगा तो महेन्दर ने तान दी—'जय गणेश, जय गणेश, जय गणेश देवा...'

अगली धुन बजी—

अम्बे कहा जाए, जगदम्बे कहा जाए
बोल मेरी मइया तुझे क्या कहा जाए...

फेकू लहँगा खुटिया के कमर हिलाते बैंड पार्टी के घेरे में आ नाचने लगे। बच्चे दाँत निपोर कर ताली बजाने लगे, धीरे-धीरे घर की औरतें भी

घेरे में घूँघट निकाल नाचने लगीं। महेन्दर सबसे नेग की माँग करते और दस-पाँच की नोट कुर्ते की जेब में ठूँस लेते। उनकी तगड़ी नज़र लम्बुआ पर रहती, लम्बुआ नेग संग लुटाए हुए रुपये भी लूटकर ब्लाउज़ में ठूँस लेता। दस-बीस के नेग और कुछ हज़ार रुपयों के बूते फेकू जीवन रण में जमे जीवट के धनी योद्धा थे, फ़िल्मों के शौक़ीन बीड़ी का सुट्टा खींच मगन हो गाते—

जो मिल गया उसी को मुकद्दर समझ लिया,
जो खो गया मैं उसको भुलाता चला गया।

उनका जीवन गीत के ठीक उलट था, मिले को मुक़द्दर मानने वाले फेकू गम को धुएँ में नहीं उड़ा पा रहे थे। जो मनोरमा उनके नाच पर रीझ कर बाग़ी हुई थी वही महज़ दो-चार साल के भीतर ऊबने लगी थी। कारण बहुत जटिल था, फेकू उसे प्रेम करते स्त्री बन जाते और वह एक पुरुष तलाशती। फेकू की भाव-भंगिमा से लेकर रहने-बोलने तक के व्यवहार में स्त्री की कोमलता छाई रहती और वह पति में एक मर्द तलाशती। शादी के चार साल में चार बच्चे को जन्म देने वाली मनोरमा की गिरती सेहत और मायूस चेहरे को लेकर फेकू चिन्तित रहते। ऐसे मौक़ों पर उन्हें बस उस्मान मास्टर याद आते।

फेकू किरिन फूटते मियान की ओर कन्धे पर गमछा रखे, रोनी सूरत लिए बढ़े जा रहे थे कि रास्ते में भैरव पंडित मिले। इस जाड़े की पहली लगन में इनके बड़े बेटे की शादी थी। देखते टोका, "चार तारीख़ का दिन लिख लेना फेकू, बेटा की बारात उठेगी।"

वह बड़ी मुश्किल से सिर हिला पाए थे। हामी भर आगे बढ़ गए। कुवार की सिहरती उस सुबह, उस्मान दुवार झाड़ कर कउड़ा जला, गाय लगा रहे थे। एकाकी जीवन होने के बावजूद उस्मान सलीक़ापसन्द आदमी थे।

घर गृहस्थी सुघड़ता से जमाई थी। वैसे तो चार गाँव का यतीमख़ाना उनका घर था, जिसके माँ-बाप दुत्कारें, आकर उस्मान के यहाँ ठौर ले सकता था पर क़ायदे-क़ानून की ज़द में रहकर। फेकू उस्मान को दूध दुहता देख कउड़ा की आग के पास आकर बैठ गए। उस्मान दूध की बाल्टी अपनी बेवा फूफी नगमा को पकड़ा झट फेकू से मुख़ातिब हुए, "का हुआ बे? काहे मुँह गिराए हो सबेरहीं?"

फेकू ने मन की सारी उलझन कह सुनाई। वह कहते-कहते रो पड़े, "अब का करें मास्टर? बचपन से ही नाच सीखने लगे और पता नहीं कैसे और कब एक औरत का मन देह में घुसता गया, पता ही नहीं चला। अब आप ही बताओ! लगन में नाचता हूँ और साल भर मेहनत-मजूरी करके परिवार का पेट पालता हूँ, क्या नहीं करता।" यह कहते-कहते फेकू फफक पड़े। "वो कहती है कि अपने भाइयों को देखो, सब मिस्त्रियों का काम सीख राजा हो गए और बच्चे को शहर में पढ़ाने लगे और एगो तुम हो कि भुवन राय की शाबाशी और सौ की नोट पर ठुमकते ही रह गए।"

यह कहते फेकू की आत्मिक पीड़ा चेहरे पर नाचने लगी।

"मास्टर! कहती है कि भुवन तुमको रक्खे है, रात-दिन उसकी चाकरी बजाते हो। अब आप बताइए कि नाच से दिल लग गया तो क्या करें? सब तो किया उसका कहा। भाइयों के अलग होते पक्का घर बनाकर दिया, गहना-गुरिया गढ़ाया। चार बच्चे पर नसबंदी को बोली वह भी करा लिया। अब का चाँद, सुरूज लाकर दूँ कि जान दे दूँ?"

उस्मान सुनते रहे। मन में उथल-पुथल मची थी, जानते थे फेकू का हाल। उसके भीतर एक स्त्री मन ठमक कर बैठ चुका था और उधर मनोरमा की समस्या भी समझते थे। दोनों को यथासम्भव समझाते और सुलह-समझौता करा गाड़ी आगे बढ़ाते। इधर उसकी गृहस्थी के बढ़ते बोझ और पत्नी की बढ़ती माँग को देखते हुए बाज़ार में अख़बार और पत्रिकाओं की छोटी-सी गुमटी खोलवा दी और साथ ही पान, सुर्ती की भी व्यवस्था कर दी कि लोग

पान के बहाने आकर कुछ ख़रीदेंगे। यहाँ पर मस्तमौला फेकू का कुछ मन रमा, पढ़ने के शौक़ीन थे ही। नौजवानों की भीड़ सुबह-शाम जुटने लगी तो गाँव चट्टी गुलज़ार हुई। इधर मनोरमा को आगे पढ़ने के लिए उकसाया। दसवीं पास मनोरमा पहले तो ना-नुकुर करती रही पर समझाने पर आगे पढ़ाई करने को तैयार हो गई।

कुछ काम हम बेहतरी के लिए करते हैं पर परिणाम ठीक उसके उलट निकलता है। दो बेटा और दो बेटी के भरे-पूरे परिवार में वैसे तो थोड़ी-बहुत खनक थी ही पर मनोरमा के पढ़ाई शुरू करते ही मामला और उलझने लगा। इंटर पास कर बी.ए. का फ़ॉर्म मनोरमा ने भाइयों से कह कर भरवा लिया। वह आए दिन बच्चों को छोड़ पढ़ाई के नाम पर मायके चली जाती। फेकू को भुवन ने अपनी पुरानी मोटरसाइकिल दे रखी थी। जब वह मोटरसाइकिल ले कॉलेज उसे लेने पहुँचता वह पहचानने से इनकार कर देती। उसे अब लोगों से यह कहते शर्म आने लगी कि उसका पति नचनिया है।

यह दुख फेकू के लिए असह्य होता जा रहा था। शाम को देसी दारू के ठेके पर जाने लगे, पीकर धुत्त घर लौटते। बड़ी बेटी छह साल की हो गई थी। बूढ़ी माँ बच्चों को सहेजे किवाड़ बन्द कर पड़ी रहती। एक सुबह माँ से नहीं रहा गया, बेचारी से बेटे की बिखरती गृहस्थी नहीं देखी जा रही थी। धैर्य साथ छोड़ रहा था। फेकू को देखते उबल पड़ी, "काहे जजियाई कराने के लिए पढ़ाने लगे, मेहरारू का जात, तनी में बलबलाती है, हम तो पहले ही समझ गए थे कि यह नहीं टिकेगी, देख लो।"

वह फुँकनी से चूल्हे की आग सुलगाती बड़बड़ा रही थी। बच्चे कच्ची-पक्की रोटी खा पास के प्राइमरी स्कूल में पढ़ने चले गए। द्वार के नीम पर कौवे के कर्कश काँव-काँव ने फेकू का ध्यान खींचा तो द्वार पर चारों तरफ़ नज़र दौड़ाने लगे। जानवरों की चरन के पास एक काला विषधर नेवले से भिड़ा था। कौवे ऊपर से चोट मार रहे थे। वह वहीं ठसक कर खड़े हो गए। कुल दस-पन्द्रह मिनट के संघर्ष के बाद एक लाठी का पुराइन साँप

ठंडा पड़ गया। फेकू सोचने लगे, ठीक ही तो कहते हैं उस्मान मास्टर, शत्रु कितना भी शक्तिशाली क्यों ना हो एकजुट संघर्ष सफलता देता है। वह झट नहा-धोकर हाट की ओर दुकान खोलने चल दिए। सामने विषधर-सा लम्बा संघर्ष था पर लड़ना ही एकमात्र विकल्प बचा था। फेकू ने दिल पर हाथ रख कर कहा, "हारूँगा तो नहीं बेटा! चाहे जो हो।"

शाम का समय, घरों के आँगन से धुआँ उठने लगा था। जाड़े के दिनों में गाँवों में शाम घिरते ही अँधेरा और नीरवता साथ-साथ पसरने लगते। इधर बबुआन और बाभन टोले में सम्पन्न घरों में इनवर्टर लगने से शाम को कुछ रोशनी ज़रूर दिखने लगी थी पर चमरौटी, भरौटी शाम घिरते किसी बूढ़ी औरत की तरह कथरी-गुदरी ओढ़कर घुटनों में मुँह डालकर सिकुड़ जाती।

फेकू साइकिल की पैडिल पर पैर मारते घर के रास्ते पर बढ़े जा रहे थे, रास्ते में भुतहिया बारी में किसी ने पतलो की जड़ में आग लगाकर छोड़ दिया था, अजीब बात है कि पतलो की नई फ़सल आने के लिए उसकी जड़ का जलना ज़रूरी प्रक्रिया है सो किसान अपनी मड़ई, टाटी के लिए पतलो (सरपत) की जड़ काटने के बाद आग लगाकर छोड़ देते। उठती लपटें बेहद डरावनी लग रही थीं। फेकू बचपन में इस बारी के नाम पर बहुत डरते थे। आम के पेड़ों की घनी बारी में गाँव वाले कहते हैं कि समूह में औरतें एक साथ कभी जल मरी थीं और तब से उनकी आत्माएँ यहीं कहीं भटकती रहती हैं और रात के अँधेरे में उधर से गुज़रने वाले को झाड़ियों में खींच कर उसका ख़ून पी जाती हैं।

आग की लपटें जितनी सिवान में धधक कर जल रही थीं उतनी ही फेकू के मन में। आज ही पता चला था कि मनोरमा अपनी भाभी के भाई संग आजकल मोटरसाइकिल से हाट-बाज़ार घूम रही है और वह उसे महँगा मोबाइल और कपड़े-गहने दिला रहा है। फेकू मनोरमा को मना-मना कर थक गया था। बच्चे माँ को मनाने जाते तो रो-धोकर वापस भेज देती। मनोरमा की भाभी के भाई को मास्टरी की नई-नई नौकरी मिली थी। उसका

ब्याह भी मनोरमा की तरह चौदह-पन्द्रह की उम्र में हो गया था और पत्नी दो साल के अन्दर ही प्रसव के दौरान चल बसी थी। पत्नी के वियोग में वह अब तक दूसरा ब्याह बहुत मानमनौवल के बाद भी नहीं कर रहा था कि मनोरमा टकरा गई।

मनोरमा का कॉलेज उसके स्कूल के रास्ते पर ही था। आते-जाते भेंट होती, धीरे-धीरे वह मनोरमा को घर छोड़ने लगा और मामला बढ़ता गया। मनोरमा जिन चीज़ों का स्वप्न देखती वह झट लाकर दे देता, उधर फेकू सौ मजबूरियाँ गिनवा मौन धर लेते। मनोरमा के नाख़ुश मायके वाले इस पनपते रिश्ते को मौन स्वीकृति दे रहे थे। उन्हें फेकू के नाम पर अपमान महसूस होता। उसके बच्चों तक को ननिहाल में बाप के नाम पर अपमानित किया जाता, जिसके कारण दोनों बड़े बच्चे ननिहाल जाने से मना करने लगे थे।

पत्नी वियोग की आग में जलते फेकू दुकान पर बैठ सूर, कबीर, तुलसी को पढ़ने लगे। किताबें उस्मान मियाँ की लाइब्रेरी से मिल जातीं और वह ख़ाली समय में उन्हें किसी वेद-पुराण की तरह पूरी श्रद्धा से पढ़ते रहते। एक चिर उदासी की चादर ताने फेकू का मन नाच-गाने से उचटने लगा। दाढ़ी बढ़ने लगी। कभी-कभी आशिक़ बाबा के मज़ार से भभूत उठा राख का लम्बा टीका माथे पर लगा घर के बाहर नीम के चौतरे पर घंटों आँख बन्द किए पड़े रहते। एक सुबह उनकी माँ उस्मान मास्टर के पास रो-गा आईं कि पकड़ो वरना बेटा साधु हुआ। उस्मान सब समझते थे। इधर जो कहीं से कुछ पैसे-रुपये की जुगत भिड़ती, फेकू की दुकान में लगा देते। धीरे-धीरे दुकान चलने लगी और फेकू दुकान में रमने लगे। आज वह उस्मान को कुछ दिखाना कम पढ़ाना ज़्यादा चाहते थे।

पूरा गाँव शीत के कोप से किवाड़ भिड़का घर में सिमट गया था। फेकू की साइकिल अँधेरी गलियों को पार कर बढ़ी जा रहा थी। कुत्तों को देख वह जैसे ही घंटी बजाते, वे कोरस में बेहद डरावनी और नीरस आवाज़ निकालते उनके पीछे तब तक भौंकते जब तक वह आँखों से ओझल नहीं हो जाते।

उस्मान हल्की सफ़ेद रोशनी में बैठे कुछ पढ़ रहे थे, देखते चौंककर पूछा, "सब ख़ैरियत तो है?"

फेकू ने पुरानी जर्सी की जेब से एक पतली-सी कॉपी निकाली और बिना किसी भूमिका के आगे बढ़ाकर चुपचाप चौकी पर पालथी मार बैठ गए। उस्मान के मन में बेचैनी और कौतूहल दोनों चरम पर था। कॉपी का पहला पन्ना खोल पढ़ने लगे, आँखों में उमड़ते जल को देख फेकू रो पड़े...

सुनो मेरे रामा!
अब नहीं नाचेंगे गोपाल तुम्हारी रीत-प्रीत पर
अब नहीं टूटेगी कोई आस तुम्हारी हार-जीत पर
सुनो मेरे रामा!
सुनो मेरे रामा!
अन्तर्मन में अब नहीं कोई आस तुम्हारे मिथ्या जग की
नहीं कोई रोड़ा अटके, बढ़ते-गढ़ते गीत मेरे मग की
सुनो मेरे रामा!..

फेकू के इस अवतार पर मुग्ध उस्मान फफक कर रो पड़े। दोनों साथी गले लग रो रहे थे। उस्मान ने फेकू को बाँहों में भरकर कहा, "तू तो कबीर हो गया रे साथी!"

राम जी का खाता

शहद ले लोऽऽऽ

मीठा, शुद्ध, ताजा शहद ले लोऽऽऽ

शहद वाला आगे-आगे और पीछे कुत्तों का झुंड कोरस में भौंकते चल रहा था। कुछ बच्चे बीच-बीच में "ए पहड़िया बानर, दे शहद ना त हो जइबे आन्हर" का नारा लगाते और उसे चिढ़ाकर भाग जाते।

वह बच्चों और कुत्तों की आवाज़ों को नज़रअन्दाज़ कर अपनी धुन में बोलता बढ़ा जा रहा था, "लेऽऽऽलो मीठा, शुद्ध, ताज़ा शहद ले लोऽऽऽ"

मन्ने की आजी रोज़ की तरह दुआर पर बैठी घमावन कर रही थीं। कातिक की धूप अब सुहावनी लगने लगी थी। बाज़ार छठ और दीवाली की तैयारी में सजने लगा था। पिछले दो सीज़न बाज़ार बेरौनक रहा। लोग कोरोना के कारण लगे लॉक-डाउन की मार झेलते रहे। इब्राहिमपुर बाज़ार की कितनी छोटी-छोटी दुकानें बन्द हो गईं। छोटे व्यापारी लगभग टूट गए।

इंटर कॉलेज से चीनी मिल की ओर जाने वाली सड़क के दोनों किनारे गुलज़ार थे। बाँसफोड़ों की जनानियाँ सुबह दौरा, सुपेली बीनने बैठ जातीं। दीया, ढकनी, भरूकी खैंचा में भरकर साइकिल के पीछे बाँध कुम्हारों का दल शहर का रुख़ करता। उस्मान मियाँ फेकू संग रामलीला की योजना

स्कूल के चौतरे पर बैठकर तैयार करते। कहना न होगा कि इस साल बहुत दिनों बाद जाड़े की धूप थोड़ी गुलाबी लगी थी। लड़कियों के स्कूल जाते झुंड को देख कोई दीवाना बग़ल से मुस्कराते गुज़रता और कुछ लड़कियों के चेहरे गुलाबी प्रेम-पत्रों से चहक उठते।

हाँ तो मन्ने की माई घमावन कर रही थीं कि कान में शहद वाले की आवाज़ गूँजी। वह चपटे चेहरे और पीली रंगत वाले लड़के के पीछे कोरस में भौंक राग टेरते कुत्तों पर दंड प्रहार कर बैठीं—

"हंऽऽऽ हंऽऽऽ इ का आजी!," पिंकू ने अलाप लगाया और उधर शहद वाला गिरते-गिरते बचा। बेचारा भकुवाया-सा उन्हें भयभीत हो घूरने लगा, "अरे भाई! हमारी आजी तुम्हारे पीछे भौंक रहे कुत्तों को दरअसल खेद रही थीं और उ डंडा तुमको लग गया।"

पिंकू ने दाँत निपोरते, सिर खुजलाते हुए कहा तो युवक थोड़ा सहज हुआ।

"शहद लोगी दादी?" उसने मन्ने की आजी से सप्रेम पूछा, अब तक भय प्रेम में बदल चुका था।

"दाम का लोगे?...सुच्चा है न?" आजी ने आँख नचाकर सवाल किया।

"एकदम शुद्ध है दादी। देखो इसमें थोड़ी-सी भी मिलावट नहीं है।" युवक ने भरोसा दिलाया।

"दाम का है?" आजी का अगला सवाल।

"पाँच सौ रुपया किलो। युवक ने मुस्करा कर कहा। तुमको पचास कम लगाया नहीं तो साढ़े पाँच सौ में बेचा कल।"

युवक ने आजी के प्रति आदर जताते हुए कहा। अब तक मन्ने भी दृश्य में दख़ल बना चुके थे, पिंकू को धकियाते हुए घर में से भगौना लेकर आए। कारण यह था कि आजकल आजी इनके बखरी में रहती थीं। दोनों चचेरे भाई थे। पिंकू दाँत पीस कर रह गया और भीतर अपनी माँ से लहरा लगाने चला गया। एक किलो शहद की तौल हुई, युवक ने मन्ने की आजी

से पैसे माँगे। मन्ने की आजी अपनी छड़ी का मूठ पकड़े बड़े इत्मीनान से बोलीं, "खाता नम्बर दो, पैसे खाते में देंगे।"

युवक आश्चर्य से उनका मुँह ताकने लगा, "पे.टी.एम. करोगी? वो हमारे पास नहीं है। नोट दो हमको, हम नोट लेगा।" युवक ने जवाब दिया।

मन्ने की आजी अड़ गईं, "पइसा तो खाते में ही डालेंगे हम।"

बूढ़ी औरत अलग रट लगाए थीं। पहाड़ी युवक को लगा कि ज़रूर बूढ़ी औरत का दिमाग़ डिस्टर्ब है। उधर शहद घर में जा चुका था। मन्ने नदारद, पिंकुआ को यह देखकर मज़ा आ रहा था। चाचा के घर की ओर इशारा कर कहा, "उहाँ जाओ, पइसा उहाँ मिलेगा।"

उसने आजी की ओर देखकर सिर के पास उँगली गोल-गोल घुमाकर उनकी दिमाग़ी हालत का बयान किया। वह रुआँसा, सामने के घर का दरवाज़ा खटखटाने लगा। अन्दर से मन्ने की माँ निकलीं। युवक ने सब हाल कह सुनाया। मन्ने की माँ ने मुस्कराते हुए पाँच सौ की नोट पकड़ा कर उसे विदा किया। तो ऐसी हैं मन्ने की आजी। हाट-बाज़ार से कुछ भी मोल लेंगी पर पइसा खाते में ही भेजेंगी। इनकी कथा किसी मानस, पुराण से कम नहीं है। पूरे इब्राहिमपुर चट्टी से लेकर आस-पास के चार गाँव तक यह कुख्यात कहें या विख्यात कहें, जानी जाती हैं। कोई इन्हें चतुर बौरहिया तो कोई पागल तो कोई असली बीमारी स्मृति भ्रंश का उल्लेख बड़े रस से करता है। पूरा मजमा जुटता है इनकी कथा सुनने।

पढ़ी-लिखी हैं, मानस, भागवत बाँच लेती हैं, अख़बार पढ़ लेती हैं। काग़ज़-पत्तर पर जाँच-परख कर दस्तख़त करती हैं। इधर इनकी हालत यह है कि रात में जब आँख खुल जाए, भोर मानकर नहा-धोकर धूप-बत्ती करने लगती हैं। खाया-पीया तुरन्त भूल जाती हैं, कहा-सुना का कोई हिसाब नहीं। बहुओं से रूठतीं तो साड़ी-कपड़ा समेट कर घर से निकल लेतीं पर यह गाँव है, सुबह की निकली शाम तक खोजकर घर पहुँचा दी जातीं।

इनका मकान इब्राहिमपुर चौराहा पर मुख्य सड़क के किनारे था। आते-जाते लोगों को टुकुर-टुकुर निहारती रहतीं। बस वाले, टैम्पू वाले, साग-सब्ज़ी, चूड़िहारे से लेकर सब अपने-अपने काम में व्यस्त-मस्त।

आजमगढ़ऽऽऽ...आजमगढ़ऽऽऽ...आजमगढ़ऽऽऽ

लल्लन सवारियों को पकड़-पकड़कर ऑटो में बिठा रहा था। इब्राहिमपुर चौराहा गाड़ियों की पों-पों, ऑटो चालकों की चिल्लम-चिल्ली और सवारियों की आवाजाही से गुलज़ार किसी उत्सवी पंडाल की तरह था आज, राजनीतिक पार्टियों के नेताओं के होर्डिंगों-पतंगियों से सुसज्जित किसी नेता की अगवानी में व्यस्त।

इधर चीनी मिल फिर से शुरू हो जाने से स्टेशन की तरफ़ जाने वाला रास्ता तेज़ी से आधुनिक बाज़ार का रूप ले रहा है। सड़क के दोनों किनारों पर नगमा, सिमरन, गोल्डी आदि की चूड़ियों की दुकान, सूरज उगने के साथ ही सड़क के आगे चौकियों पर चूड़ियों के गट्ठर सजने लगते, फल-सब्ज़ी वालों के ठेले के बीच एक गजक और गुड़पट्टी वाले का ठेला, ठेले पर मँडराते हड्डे धीरे-धीरे मोहन हलवाई की जलेबी के शीरे की महक पा उधर का रुख़ करते और कुछ कड़ाह में डूब कर वीरगति को प्राप्त कर जाते।

स्कूली परिधान में कुछ वेल अप-टू-डेट तो कुछ सरकारी स्कूलों के बच्चे एक-दूसरे से लड़ते-भिड़ते, मारते-पीटते अपने-अपने गन्तव्य की ओर जाते तो कुछ मनचले पास के गर्ल कॉलेज, कोचिंग को जाती लड़कियों को देख साइकिल, मोटरसाइकिल से मुस्कराते निकल जाते। ऐसे में मोनिका ऑटो से उतरी। अभी उतरी ही थी कि एक युवक ऑटो चालक ने लपककर उनका झोला पकड़ा, "गुरु जी हम निकलत हईं।"

"छोड़ो भई!...मैं अभी आ रही हूँ।"

मोनिका ने झोला झटकते हुए कहा तो लड़का अपनी गर्दन झुका मुस्कराते हुए निकल गया। बग़ल में खड़ी भानुमती मैडम ने मुँह बिचकाकर

कहा, "पूरे जाहिल हैं ये सब, रोज़ आते-जाते देखते हैं फिर भी सुबह सिर पर चढ़ जाते हैं।"

भानुमती की भन-भन चालू थी। मोनिका उन्हें इग्नोर कर तेज़ी से आगे बढ़ गई। गोल्डी ने टोका, "मैडम जी, मुसीर का आधार अभी नहीं बना।"

मोनिका को चिढ़ मची। एक तो सुबह उठते भाग-भाग के घर के काम समेटो, चाय, नाश्ता, खाना सब निपटाओ, भले ख़ुद एक कप गर्म चाय नसीब न हो पर बाक़ियों को सोए-सोए बेड-टी परोसो। कभी-कभी मन में आता कि सब छोड़-छाड़ कर कहीं भाग जाए, फिर सोचती भाग कर जाएगी कहाँ? जिस मायके को अपना घर समझती रही, वही अब पराया घर था। जिस घर में ब्याह कर आई वह पति का घर है। सास बात-बात पर माँ-बाप ने क्या दिया, क्या सिखाया का ताना देती रहती। वह तो शुक्र था कि शादी के पहले से नौकरी कर रही थी और शादी भी कमाऊ बहू के लालच में आसानी से हो गई थी वरना जो घर में पूरा दिन बिताना होता तो वह पागल हो जाती।

आज सास ने आदत के अनुसार फिर वही पुराना राग सुबह ही छेड़ दिया, "करती क्या है, सबेरे-सबेरे बन-ठन के निकल लेना है चार ठो रोटी थाप के। मैं मेमसाहब के बच्चे सँभालूँ।"

ग़ुस्से में उसने बेटी को तैयार कर साथ ले लिया। वैसे वह चार बजे से सात बजे के बीच घर, बच्चे का प्रबन्धन इतना दुरुस्त रखती कि किसी को कोई परेशानी न हो पर सास ठहरी सास। वह बच्चे को नहला-धुला दूध आदि की व्यवस्था सास के कमरे में ऐसे करके आती कि उन्हें बस बच्चे को बॉटल पकड़ाना होता पर उनका कहना था कि जीवन दूभर कर रखा था बच्चों ने। रोज़ रोती-गातीं। ससुर समझाते पर वही ढाक के तीन पात। बच्चा यदि टट्टी कर देता तो और आफ़त, कई बार फ़ोन आने पर वह भाग कर आती।

छुट्टी लेने की सारी कोशिश बेकार थी। छह महीने मैटरनिटी लीव के बाद वह एक साल का सी.सी.एल. लेना चाहती थी पर बी.एस.ए. ने पास ही नहीं किया। अब आज वह दो साल की बेटी, अपना पर्स, उसके सामानों

का थैला लिए तेज़ी से चली जा रही थी। हेडमास्टर को औरतों से ना जाने कौन-सी चिढ़ थी कि ज़रा सा लेट हुआ नहीं कि लाल पेन रजिस्टर पर खींच देता। पंचायत चुनाव का प्रचार ज़ोरों पर था। सड़क के दोनों किनारे पर सफ़ेद खादी के कुर्ते-पायजामे पहने, लाल, हरे, नीले, भगवा गमछे लिये छुटभैये नेताओं के झुंड के झुंड नारे लगा रहे थे। मोनिका का दिल-दिमाग़ दोनों उबल रहा था, बेटी ने सामने खिलौने की दुकान देख हाथ छुड़ाकर भागना चाहा तो मोनिका ने ग़ुस्से में एक थप्पड़ गाल पर रसीद कर दिया। बच्ची ज़ोर-ज़ोर से रोने लगी, अगल-बग़ल चल रहे लोगों ने...हंऽऽऽह...कहते हुए मोनिका को समझाने की कोशिश की, "जाए देइं गुरु जी, बालक हवे।"

वह अन्दर से सुलग उठी, हाँ ठीक ही तो है, सब मुझे ही समझना है। तनख़्वाह पर सबकी नज़र रहती है। ज़रूरतों की सूची फ़ोन से पकड़ा दी जाती है पर बच्चा पालना अकेली मेरी ज़िम्मेदारी है। वह सोचती चली जा रही थी। स्कूल के गेट के बाहर मन्ने की आजी को घेरे कुछ नवयुवक खड़े थे। वह ताली पीट-पीट कर बड़े जोशीले अन्दाज़ में कुछ बयान कर रही थीं। वह जैसे-जैसे निकट पहुँचती गई, आवाज़ स्पष्ट होती गई, "पहले हमको खाता नम्बर दो, फिर पैसा लो।"

मन्ने की आजी अँगूठा हिला-हिला कर लड़कों से कह रही थीं। मोनिका को देखते एक युवक ने लपक कर उसे लगभग घेरते हुए अनुनय किया, "मैडम जी तनी इन बूढ़ी माई को समझाइए।"

मोनिका ने लम्बी साँस लेते हुए भौहें तान कर पूछा कि "समझाना क्या है?"

यह सुन सारे लड़के उसकी तरफ़ मुड़े। वह झट से आगे बढ़ी और हाथ जोड़ते हुए लड़कों से अनुनय किया, "बेटा! पहले मुझे स्कूल में अटेंडेंस लगाने दो फिर सुनती हूँ।"

लड़कों ने समवेत स्वर में कहा, "जी दुई मिनट लगेगा मैडम जी, बूढ़ा माई मान ही नहीं रही हैं। सुना है आपकी सुनती हैं।"

वह मुस्कराई और विद्यालय भवन की ओर बढ़ गई। हेडमास्टर ने बेटी को देखकर व्यंग्य किया, "लगता है आज मोनिका जी की सुबहिए सास से भिड़न्त हो गई है।"

मोनिका दाँत पीस कर रह गई। आरती मैडम ने मोनिका की बेटी रिया को गोद में उठा लिया। शादी के पन्द्रह साल बाद भी उनकी गोद सूनी थी, बच्चे को अतिरिक्त स्नेह देने वाली आरती मोनिका को हर सम्भव सपोर्ट देती और ज़रूरत पड़ने पर हेडमास्टर से भिड़ जाती, "अच्छा तो आजकल आप दूसरों के घरों की जासूसी भी करने लगे हैं क्या?"

आरती ने उलटे सवाल का अग्निबाण छोड़ा तो हेडमास्टर पिनक गए।

"क्या मतलब?" कमर पर हाथ रख लगभग ज़ोर से चिल्लाते हुए उन्होंने पूछा।

"क्यों, सास की तबीयत ख़राब नहीं हो सकती है आज मोनिका मैडम की, कि आप झगड़ा करवा के ही दम लेंगे सास-बहू में?"

आरती ने उनसे ऊँचे स्वर में उत्तर दिया। हेडमास्टर समझ चुके थे कि अब जो दो-चार शब्द और बोले तो बाक़ी चारों महिला शिक्षिकाएँ सुबहिए उन पर टूट पड़ेंगी सो रसोइयों को प्रार्थना का घंटा बजाने को कह फ़ील्ड में आकर खड़े हो गए। बच्चे घंटे की आवाज़ सुन प्रार्थना के लिए क़तार बनाने लगे। प्रार्थना होने लगी, उधर मोनिका की राह जोहते युवक गेट के पास खड़े हो प्रार्थना ख़त्म होने का इन्तज़ार कर रहे थे।

दरअसल इस क्षेत्र के जितने बच्चे प्राइमरी पाठशाला में पढ़ते, सबकी माँओं की सलाहकार इस विद्यालय की शिक्षिकाएँ थीं। आधार कार्ड के लिए फ़ॉर्म भरवाना हो या राशन कार्ड के लिए, बैंक, चेक-बुक, पास-बुक के बारे में जानकारी लेनी हो, बच्चों को सुई, टीका लगवाना हो, सबका लेखा-जोखा यह विद्यालय रखता। कुछ व्यावहारिक ढंग से तो कुछ सरकारी ढंग से। ऐसे में मन्ने की आजी भी एक दिन मोनिका के पास रुआँसी होकर आ बैठीं। इन्हें भूलने की बीमारी थी। पति फ़ौज में

थे, कश्मीर में आतंकी हमले में शहीद हो गए थे। चार बच्चों की परवरिश और दुनिया की कड़वाहटों को झेलते-झेलते धीरे-धीरे वह मानसिक रूप से इधर कमज़ोर होती जा रही थीं।

बेटियाँ जैसे-तैसे ब्याह कर अपने घर गईं और बेटों ने शादी के बाद दो मंज़िले मकान को बाँटकर आधा-आधा हिस्सा किया और अपना-अपना घर बनवा कर गृहस्थी सहेज ली, माँ उठउवा चूल्हा हो गईं। कभी इस घर तो कभी उस घर, कोई पासबुक माँगता तो कोई चेकबुक। बेटियाँ तीज-खिचड़ी समय पर न पहुँचने पर अलग से लड़तीं। बड़ी बहू को जिस दिन पैसे की ज़रूरत होती बड़े प्रेम से खिलाती-पिलाती, तेल-तासन करती, हिल-मिल कर नइहर-सासुर की बातें करती और जैसे बूढ़ा चेक पर दस्तख़त कर देतीं, वो छिः मानुस...छिः मानुस, इहाँ थूकी तो उहाँ मूती का नारा लगा लड़ती और वह बेचारी छोटे बेटे की बखरी की ओर भागतीं।

छोटी सहृदय पढ़ी-लिखी महिला थी, वह चाहती थी कि सास का ठीक से इलाज हो और वह सुख-शान्ति से घर में रहें पर सुख और शान्ति को उनसे जनम का बैर था, पैर एक जगह टिकते ही नहीं थे, छोटा बेटा बाज़ार में कपड़े की दुकान करता था, बहू बग़ल के आँगनबाड़ी में आँगनबाड़ी कार्यकत्री की नौकरी करती थी।

एक दिन छोटी बहू ने मोनिका और आरती से आग्रह किया कि सास को किसी तरह समझाएँ कि अपना पैसा इस तरह किसी को न बाँटें कि उनको दवा के भी लाले पड़ जाएँ। मन्ने की आजी मोनिका को पता नहीं क्यों बहुत आदर देतीं, जब देखतीं हाथ जोड़ प्रणाम करतीं, हालचाल पूछतीं, राय-मशवरा लेतीं सो छोटी बहू ने मोनिका से विशेष आग्रह किया। मन्ने की आजी एक दिन गर्मी की दोपहर में प्राइमरी स्कूल के बाग़ में आम के नीचे चबूतरे पर बेना लेकर बैठीं दुखी मन से टुकुर-टुकुर गोला बनाकर पेड़ों के नीचे झुंड में बैठे बच्चों को निहार रही थीं। घर से रूठतीं तो यहीं शरण लेतीं। कंडोलेंस हो जाने से उस दिन कैम्पस जल्दी ख़ाली हो गया, बच्चे

शोक सभा के बाद अपने घर लौट गए, हेडमास्टर ने शिक्षकों को छुट्टी के बाद जाने को कहा, आरती ने विरोध किया तो हेडमास्टर चिल्लाने लगे, "आप लोगों को तो घर भागने की इतनी जल्दी रहती है कि मैं मर भी जाऊँ तो पलट के न देखें। स्कूल में परसों जाँच टीम आनी है और तमाम रजिस्टर अधूरे हैं, बिना पूरा किए आज कोई नहीं जाएगा, समझीं आप लोग?"

आरती, "समझ गए, लाइए रजिस्टर और इतने ज़ोर से चिल्लाइए मत, वैसे ही गर्मी से सिर फट रहा है, आज तक एक इन्वर्टर तो लगवा नहीं पाए बस शिक्षकों पर चिल्लाइए।"

दोनों में विवाद बढ़ता उससे पहले भानुमती मैडम ने बीच-बचाव कर मामला बढ़ने से रोका, "काहे आप लोग बेवजह का जिरह कर रहे हैं, अरे रजिस्टर उठाइए, काम निपटाइए और घर जाइए।"

"चलिए आरती मैडम!" आरती का हाथ पकड़ वह बाग़ में लेकर चली गईं।

मोनिका अपनी बेटी को लेकर चबूतरे पर पहले से बैठी थी, मन्ने की आजी गाल पर हाथ रखे उदास उसे देख रही थीं। मोनिका ने पूछा, "काहे इतनी उदास हैं चाची?"

वह उदास हो बोलीं, "हमार बड़की पतोह ह न मैडम, कुल पइसवें भुलवा के धइ लेत ह अउर छोटकी पिनक जात है। बतावा का करी?"

मन्ने की आजी कहते-कहते रोने लगीं। आँचल से आँसू पोंछ मोनिका का मुँह आदतन टुकुर-टुकुर निहारने लगीं।

मोनिका ने पास जाकर उनकी हथेलियों को अपने हाथ में ले बड़े प्यार से समझाया, "देखिए ख़ूब ध्यान से याद रखिएगा। ख़ाली चेक पर दस्तख़त मत किया करिए, कोई कहे तो मुझे दिखा दिया करिए फिर दस्तख़त किया करिए, समझीं?"

मोनिका की बात सुन मन्ने की आजी ने बड़ी मासूमियत से कहा, "उ कहेले पइसा खाता से तब्बे निकली जब चेक पर दस्तख़त करब।"

मोनिका हँस पड़ी, "ठीक है, फिर आप कह दिया करिए कि वह खाता नं. दे दे, आप खाते में रुपया डलवा देंगी। ऐसे किसी को पैसा मत दिया करिए, खाते में पैसा भेजने का प्रमाण होता है कि कितना भेजा आपने। कोई आपको बैंक ले जाकर पैसा भिजवा देगा।"

मन्ने की आजी ख़ूब ध्यान से सुन रही थीं। वह दिन कि आज का दिन, मजाल कि कोई उनसे चेक पर दस्तख़त करा ले। इस तरह उस बीमार औरत की पेंशन की डकैती पर लगाम लग गया और छोटी बहू ने चैन की साँस ली। इधर लगातार दवा चलते रहने से सेहत में भी सुधार हो रहा था और समय पर बेटियों को तीज-खिचड़ी मिलने से वह भी ख़ुश थीं।

आज का हाल यह था कि चन्दा लेने वाले छुटभैये नेताओं की टोली आजी को रामजी के मन्दिर के लिए चन्दा माँगने के लिए घेरे हुए थी। लड़के समझा रहे थे कि भगवान के लिए दिव्य और भव्य मन्दिर का निर्माण होना है, जिसमें हर घर से चन्दा जाना है, लोग बड़ी आस्था से सामर्थ्य के अनुसार चन्दे की रसीद कटवा रहे थे। चूँकि मन्ने की आजी दो कमाऊ सम्पन्न बेटों की पेंशन पाने वाली माँ थीं इसलिए इनके नाम से पाँच हज़ार की रसीद काट लड़कों ने पकड़ाया। पढ़ी-लिखी आजी ने मोनिका की शिक्षा को तोते की तरह रट लिया था। वह लड़कों के लीडर से बोलीं, "हम चेक ना देब, खाता नम्बर दा ओही में पइसा डलवा देब।"

उनका कहना था कि वहाँ एकत्रित सभा में ज़ोरदार ठहाके की गूँज उठी।

"का आजी, पगलायल हऊ का तूँ! अरे इ भगवान की मन्दिर ख़ातिर चन्दा है, हमरे कोठी ख़ातिर ना।" लड़कों के लीडर ने कहा, वह ख़ासा क्रोध में दिख रहा था।

"त का भयल, हम का जानी कि तू मन्दिर बनवयबा कि कोठी, पइसा त हम खतवे में भेजब, खाता नम्बर दा।"

आजी ठनी हुई थीं। एक ज्ञानी टाइप बुज़ुर्ग आगे आए, "अरे मतवा! इ घट-घट व्यापी राम के नाम पर पुण्य क कमाई है, जनम बन जाई माता, काहे एतना क़ानून करत हईं।" चेक काटीं अउर जनम बनाईं।"

मन्ने की आजी दो मिनट उनका मुँह निहारती रहीं, "हं त हमरो कुल त उनकरे देहल ह बाउऽ, तोहार कहल ठीक बा लेकिन एकर हिसाब त तब्बे न रही जब खाता में पइसवा जाइ, अ त काहे उनके खाता ना बा? हम पइसा खाता में देब त देब, हमके राम जी क खाता नम्बर दा अउर जा, पइसा भेज देइब।"

बग़ल के मन्दिर में पंडित जी मानस उच्च स्वर में बाँच रहे थे—"सिया राम मय सब जग जानीऽऽऽ"

लड़के गमछा फटकारते, पिनकते, गरियाते आगे बढ़ रहे थे, "बड़ पागल बुढ़िया बा मरदे, देखिया कोढ़ फूटी मरत घरी सारी के, राम जी के खाता नम्बर चाही सारी के, जे दुनिया के मालिक ओकर मूरख मेहरारू खाता खोलाई, सड़ि जाइ देखिहा लोग, सब दूरवें रही।"

बुज़ुर्ग बड़बड़ाते बढ़े जा रहे थे, मोनिका, आरती, छोटी बहू एक-दूसरे को देखकर मुस्करा रही थीं। इब्राहिमपुर की आबोहवा ही ऐसी थी कि कोई लाख जतन कर ले पर अच्छी शिक्षा लोग आत्मसात कर तोते की तरह रट लेते थे।

पूरे दिन इस घटना की चट्टी-चौराहे पर चर्चा रही और क्रिया-प्रतिक्रिया के दौर चलते रहे। शाम को मोनिका फेकू की गुमटी से बेटी के लिए टॉफ़ी लेने गई तो फेकू ने हँसकर स्वागत किया, "भाई वाह मैडम जी, आप तो कमाल कर दीं, ऐसे ही जो औरतें सजग हो जाएँ तो हमारी दुनिया ही बदल जाए।"

मोनिका ने मुस्कराकर आभार व्यक्त किया और कुछ पत्रिकाओं के मूल्य दे विदा लिया, वह पत्रिकाओं की नियमित पाठक थी फेकू के दुकान की। मोनिका के सुझाव पर फेकू नौकरियों के फ़ॉर्म भी रखने लगे थे और ख़ुद दुबारा दसवीं का फ़ॉर्म भर पढ़ाई में जुट गए थे।

बस्ता

जून का आख़िरी हफ़्ता। अपने-अपने ननिहाल से लौटे बच्चों की बानरी सेना का उत्साह आज कुछ ऐसा था कि कोई रोके न तो उड़ के लंका फतह कर लें। फेकू के घर के बच्चे स्कूल जाने की तैयारी में जुटे थे। चारों भाइयों में मँगई सबसे बड़े थे, मँगई बो पति पर बिगड़ उठीं, "एतना महँगा झोला लाने की बबुआ को का ज़रूरत थी? अभी पिछला भी तो ठीके था।"

मँगई पत्नी से तुनककर बोले, "तुम्हारे बाप के घर से तो लाया नहीं, काहे तुम्हारी सुलग रही है? हमारा लड़का, हम ख़रीदें, हम पढ़ाएँ, तुमको का? अपने काम से मतलब रखो अउर जाओ तनी चा बना कर लाओ। कपार दुखा रहा है।"

मँगई बो क्रोध में तमतमाती भीतर चली गईं। चूल्हे में जैसे लकड़ी सुलगती है वह ख़ुद भी वैसे ही सुलग रही थीं। भनभनाती चाय का पतीला आग पर चढ़ा सूखी लकड़ी खपरैल पर से उतार रही थीं। मीनू बाहर खेलने गई थी, अभी-अभी पिता की डाँट खाकर लौटी थी। आकर माँ से शिकायत करने लगी, "अम्मा! हमको भी नया बस्ता चाहिए, भइया को हर साल किनाता है अउर हम उनका पुराना लेकर जाते हैं।" वह पैर पटक-पटक कर कह रही थी, "हमको भी चाहिए तो चाहिए।"

माँ पहले से ग़ुस्से में थीं, मीनू की ज़िद सुन और क्रोध चढ़ गया। खपरैल से उतारी लकड़ी का सिटकुन ले उसे धमधमाने लगीं, "सबको नया चाहिए, हमको ही खा लो सब लोग, मिल जाएगा सबके कलेजे को चैन। अरे! हमको नइहर जाने के लिए नई साड़ी कभी नहीं जुड़ती लेकिन बबुआ का दिमाग़ चढ़ाकर ज़रूर रखा जाएगा।"

वह मीनू को मार-पीट, रो-धो कर चाय पति को दे चारपाई पर आकर लेट गईं। मीनू की समझ में नहीं आ रहा था कि इसमें उसका क्या दोष कि माँ ने उसे दम भर पीटा और रोती-धोती रही। वह रोते-रोते आकर आजी की खटिया पर बैठ गई। रोते-रोते हिचकियाँ बँध गई थीं। आजी घुंचाइल खटिया में धँसी, मैली लेवनी पर गठरी बनी लेटी हुई थीं। वह पायताने की रस्सी पर बैठी हचक-हचक रो रही थी। आजी ने पास में रखी अपनी लाठी से उसे ठेलते हुए पूछा, "काहें रगना गा रही हो एतना? काहें थुराई हुई हैं?"

मीनू और ज़ोर-ज़ोर से रोने लगी। पिता दुआर पर मड़ई में बैठकर चाय पी रहे थे। उसका रोना सुनकर अन्दर आए, "ऐ भाई! काहे रो रही है बुचिया?"

"पापा! हमहूँ को नया बस्ता चाहिए, हम पुराना नहीं लेंगे।"

मीनू ने हचकते हुए कहा। पिता ने उसे चुप कराते हुए कहा, "अच्छा चुप हो जा, इस बार नया काम मिलते तुमको नया बस्ता ले देंगे।"

"नहीं, आप झूठ बोल रहे हैं, आप पिछले साल भी इहे कहे थे और नहीं लाए। हमको चाहिए तो चाहिए।"

मीनू जिदियाई हुई थी, रो-रो कर कहे जा रही थी। लड़की की ज़िद सुन पिता तुनक गए। गाल पर एक चाँटा लगा, खैनी हथेलियों पर मलते, भनभनाते घर में से बाहर चले गए।

मीनू के पिता राजमिस्त्री थे, तीन भाइयों की अकेली बहन मीनू को वैसे तो सभी प्यार करते थे पर पढ़ाने के नाम पर उसे हमेशा प्राइमरी पाठशाला में और भाइयों को प्राइवेट स्कूल में पिता डाल देते थे। भाई ड्रेस, जूता-

मोजा पहन साइकिल से पढ़ने जाते और वह उनका पुराना बस्ता ले प्राइमरी स्कूल। वैसे तो नया बस्ता उसे स्कूल में सरकारी भी मिलता पर दो महीने में ही फट जाता और ऊपर से उस पर सर्व शिक्षा अभियान लिखे रहने से सभी लोग सहज ही जान जाते कि वह सरकारी स्कूल में पढ़ती है। इसका हीनताबोध उसे अखर जाता।

रात को खा-पी कर सभी सो गए, मीनू रोते-रोते बिना खाए सो गई थी। आजी ने उसे खाने के लिए खटिया पर बैठे-बैठे आवाज़ दी, वह उसे पुचकारती-पुकारती रहीं और वह तकिया में मुँह चिपकाए निखहरी खटिया पर पड़ी रही। आजी ने उसकी माँ को ग़ुस्से में दस बातें सुनाईं पर वह अलग हठ लिए बैठी थी।

"ऐ अम्मा! लड़की जात खाने से रिसियाएगी तो हम नहीं मनाएँगे। इहे चाल रहेगा तो ससुरा में सास-ननद से लड़-बाज कर मुँह फुला कर खाना छोड़ेगी। ई खाना छोड़ने की आदत को हम नहीं बढ़ावा देंगे। रसोई में थरिया में परोस कर धर दे रहे हैं। भूख लगेगी तो खइबे करेगी।"

बूढ़ी औरत भनभनाती हुई सो गई। सुबह की किरन फूटते सभी खेतों की तरफ़ निकलने लगे। मीनू ने इस मामले में बाग़ी तेवर दिखाया, "अम्मा! हमारी टीचर जी कहती हैं कि खुले में शौच जाना क़ानूनन अपराध है, इससे बीमारी फैलती है। इसीलिए सरकार घर-घर, शौचालय बनवा रही हैं। हम खेत में नहीं जाएँगे।" हार कर माँ ने शौचालय पर लटका ताला खोल दिया। शौचालय बनने से सबसे ज़्यादा आराम बूढ़ी आजी को मिला, नहीं तो अकसर खेत में जाते-जाते बेचारी का कपड़ा बिगड़ जाता और बहू पूरे टोले को रो-गाकर सुनाती कि हम तो इनका गू-मूत धो-धो कर ही मर जाएँगे।

मीनू को माँ का हमेशा क्रोध में रहना बहुता अखरता था। एक दिन मोनिका मैडम से उसने पूछा भी कि आख़िर उसकी माँ बिना किसी कारण के काहे किसी पर चिल्लाने लगती हैं? मोनिका मैडम ने उसे समझाया और उसकी माँ से एक दिन मिलने गईं। आधा कच्चा, आधा पक्का मकान,

दुवार पर एक भैंस, बूढ़ी सास और तीन बच्चों के पीछे मीनू की माँ दिन-भर डोलती, पिता सुबह तड़के टिफ़िन ले काम पर निकल जाते और अकसर देर रात में शराब पीकर आते और बिना किसी बात के माँ से मार-पीट करते। तीनों बेटों को सिर पर चढ़ाए रखते और जो माँ टोकती उसे या तो पीटते या झगड़ा करके घर से निकल जाते। दो बड़े भाई शहर में रहकर कॉलेज में पढ़ने चले गए थे। मीनू सबसे छोटी पाँचवीं में और छोटा भाई आठवीं में था।

मोनिका मैडम ने मीनू की माँ से देर तक बात की और समझाया, उन्हें पास के ब्लॉक के अस्पताल में डॉक्टर से मिलने की सलाह दे लौट गईं। मीनू रात-भर सब सपने में देखती सुबह उठी तो उसकी आँखें सूज कर लाल हो गई थीं। माँ ने उसे पुचकार कर उठाया और बड़े दुलार से नहला-धुलाकर पुराने बस्ते संग स्कूल भेजा। दरअसल माँ भी रात भर सो नहीं पाई थीं, घर के काम निबटा अपने बक्से में धरे चोरिका को टटोला और बाज़ार से मीनू के लिए नया बस्ता लेकर आई। मीनू पूरे दिन उदास रही, मोनिका मैडम अपनी बच्ची की तबीयत ख़राब होने से छुट्टी पर थीं, वह होतीं तो उनसे अपनी बात ज़रूर कहती। ख़ैर जो होना था वह जानती थी, पापा उसे नया ड्रेस और नया बस्ता नहीं लेकर देंगे क्योंकि उसे स्कूल से मिलता था। वह उदास मन से घर पहुँची। माँ ने उसे प्रेम से हाथ मुँह धुलाकर खाना खिलाया और नया बस्ता दिखाया। वह ख़ुशी से उछल पड़ी। भाई को यह बात नागवार गुज़री क्योंकि उसने सुबह माँ से कॉपी के लिए पैसा माँगा तो माँ ने यह कहकर मना कर दिया कि उसके पास पैसे नहीं हैं, शाम को पापा से ले लेना। वह मन-ही-मन कुढ़ रहा था, शाम को पिता से आते लहराया, "पापा! अम्मा ने मुनिआ को नया बस्ता ख़रीद कर दिया है और हमको कॉपी के लिए पैसा नहीं दिया।"

पिता के जीवन में यह पहला अवसर था जब पत्नी उससे पूछे बग़ैर बाज़ार जाकर कुछ ले आई थी। वह ग़ुस्से में रसोई में गए और बिना

कुछ कहे पास में चूल्हे का जलावन रखा लकड़ी का चईला ले उसे मारने के लिए आगे बढ़े। बेचारी मोनू की माँ बचकर आँगन में भागी। वह बचाने की गुहार लगा रही थी, मीनू इस रोज़-रोज़ के अत्याचार से आजिज़ आ गई थी। उसे मोनिका मैडम की बात याद आ रही थी कि "घर में औरतों को मारना घरेलू हिंसा होती है और इसे सहना अपराध को बढ़ावा देना है।"

मोनिका मैडम 'मीना मंच' कार्यक्रम में अकसर समझातीं कि आस-पास जहाँ भी बच्चों या औरतों के साथ हिंसा हो उसका विरोध करना चाहिए। पिता माँ को मारे जा रहे थे, मीनू ने चार्जिंग में लगे पिता के मोबाइल फ़ोन को निकाला और धीरे से लेकर बाहर निकल गई। दस नब्बे पर फ़ोन कर पुलिस को सूचना दी, थोड़ी देर में महिला पुलिस की टीम उसके घर के बाहर आ धमकी। पिता दरवाज़े पर पुलिस देख सकपका गए। महिला कांस्टेबल उसे ढकेलकर घर में घुसी। मीनू की चोटिल माँ आँगन में बैठी रोए जा रही थी। आज ना जाने कहाँ से उसमें इतनी हिम्मत आई थी कि पुलिस को देखते चीख़-चीख़ कर पति की ज़्यादती कहने लगी, "मैडम जी, एगो बेटी के बस्ता के नाम पर हमको एतना मारा इस आदमी ने, ले जाइए इसको थाने और रपट लिखिए।"

वह पोक्का फाड़कर रो रही थी। मीनू का पिता मारे डर के दीवार से सटा खड़ा था, भाई की हवाइयाँ उड़ी थीं। बाहर टोले भर के लोग इकट्ठा हो गए थे। महिला दरोगा मीनू के पिता का कालर पकड़कर बाहर लाई और डंडे से पीटने लगी, वह बाप-बाप चिल्ला रहा था, "अरे साहब!, हमको छोड़ दीजिए!"

वह हाथ जोड़कर अनुनय कर रहा था।

दरोगा ने डपट कर कहा, "काहे जब मेहरारू को मार रहे थे तब तो बड़ी ताक़त थी तुममें। वो इनसान नहीं है? उसको चोट नहीं लगती? उसको दर्द नहीं होता है?"

मीनू का पिता हाथ जोड़ कर बैठ गया, "कान पकड़ते हैं साहब! अब से दुबारा नहीं छुएँगे। हमको माफ़ कर दीजिए।"

चारों तरफ़ खड़ी भीड़ में औरतें फुसफुसा रही थीं, "बहुत बढ़िया है, अब मारे अउर किसी का मरद तो अइसही पुलिस बुला दो, मन हरियर हो जाएगा।"

मीनू की माँ से पति की बेइज़्ज़ती बर्दाश्त नहीं हो रही थी। दरोगा ने पूछा, "इसे थाने ले जाएँ?"

मीनू की माँ ने पति की तरफ़ देखा, वह कान पकड़कर माफ़ी माँग रहा था। मीनू की माँ ने दरोगा से कहा, "साहब ए बार छोड़ दीजिए, फिर मारे तो ले जाइएगा।"

दरोगा हँसने लगीं, "देखा! ये औरत का मन है जो माफ़ कर देता है और एक तुम लोग हो कि उसे जानवर की तरह समझते हो।"

भीड़ की तरफ़ देखकर दरोगा ने कहा इस टोले में अगर कोई महिलाओं के साथ मार-पीट करता है तो इस नम्बर पर तुरन्त फ़ोन करिए। मीनू की सहेली माधवी, काजल, रीना ने ज़ोर से कहा, "हाँ, हमारी मोनिका मैडम भी कहती हैं कि औरतों के साथ मार-पीट घरेलू हिंसा है और यह क़ानूनी अपराध है।"

दरोगा ने बच्चियों के सिर पर हाथ रखकर शाबाशी दी और एक कोने में खड़ी मीनू का गाल थपथपाकर पुचकारा। अपना और अपनी माँ का ख़याल रखना, हमें जब बुलाओगी तुरन्त आएँगे। मीनू के पिता को आज माफ़ी माँगने पर चेतावनी देकर छोड़ दिया। रात घिर आई थी। जुलाई का महीना होने से अकसर बादल उमड़-घुमड़ आते और गरज-चमक कर बरसने लगते। आज मीनू के पिता रसोई में भाई संग रोटियाँ सेंक रहे थे, आजी मौन धरे खटिया में चिपकी हुई थीं। माँ चारपाई पर दवा खा लेटी थी, मीनू ने माँ के सिर पर तेल लगाया और आकर अपनी चारपाई पर बैठ गई।

बाहर मूसलाधार बारिश हो रही थी, उसने चारपाई पर पड़े बस्ते को हथेलियों से छुआ और उठाकर चूम लिया। आज नए बस्ते ने उसके अन्दर नया जोश भर दिया था, उसने हिम्मत से काम लिया था जिसके कारण घर में कुछ नया घट रहा था, पिता रसोई बना रहे थे। उसकी आँखें बरबस बरस उठीं और उसने माँ के पास जाकर उसके गालों को चूम लिया। माँ की हथेलियाँ उसके सिर को स्पर्श कर रही थीं। दोनों की नज़रें मिलीं और दो स्त्रियों ने एक-दूसरे के हाथ को कसकर थाम लिया।

नदी पूछती है अपना पता

ज़िला आज़मगढ़, कुछ बात तो है इस मिट्टी में। इसकी स्थापना 1665 में राजा विक्रमजीत के पुत्र आज़मशाह ने शाहजहाँ के शासनकाल में की थी। इसी आज़मशाह के नाम पर इसका नाम आज़मगढ़ पड़ा। आज़ादी की लड़ाई हो या वर्तमान की राजनीति, सबको नई उलट-पलट देने वाला यह ज़िला मस्तमौला लोगों का शहर है। जूठन के दुकान की चाय हो या रैदोपुर चौराहा, आप सुबह-शाम यहाँ उमड़े नेताओं और सामाजिक, सांस्कृतिक एवं साहित्यिक जमात की बहसों को बस चुपचाप सुनिए, पूरे शहर का हाल जान लेंगे। सिगरेट के सुट्टे संग रंगकर्मी अभिषेक पंडित और राघवेंद्र मिश्र से मिलिए, यह देश-दुनिया के साहित्यिक बदलावों को जानने वाले युवा अकसर किसी बहस में उच्च स्वर में अपना पक्ष रखते मिलेंगे। यहीं एक ओर फ़ोटो आर्टिस्ट, अपनी धुन में मगन कबीर उर्फ़ दत्ता भइया गले में कैमरा लटकाए किसी ख़ास एंगल की फ़ोटो खींचते मिल जाएँगे।

इसी शहर के मोहपाश में बँधे उस्मान मास्टर कहीं जाएँ पर लौट कर यहीं आते हैं और खैनी हथेलियों पर मलते फेकू से कहते हैं कि "यार! मन न भयो दस-बीस।"

वह सूर की तरह जहाज़ से उड़ पुनः जहाज़ पर लौटने वाले वह पक्षी हैं जिन्हें यहीं का दाना-पानी रास आता है। शहर के बीचोबीच कलेक्ट्रेट चौराहे के निकट चन्दन शरीफ बाबा का मज़ार है, जहाँ प्रेमी जोड़े इन दिनों मन्नत के धागे को बाँध दुआ माँगते हैं कि प्रेम बना और बचा रहे, लड़कियाँ भँवरनाथ में भोले शंकर को सावन में जल चढ़ाना नहीं भूलतीं। इस उम्मीद में कि गौरा की तरह एक दिन वह भी अपने हिमालय से कठोर पिताओं को मनचाहे प्रेमी संग ब्याह के लिए मना लेंगी। वह नन्दी के कान में फुसफुसाकर शिवजी से सिफ़ारिश करने की गुहार लगाना भी नहीं भूलतीं।

यहाँ सब कुछ वैसा ही है जैसा एक अलमस्त शहर में होना चाहिए, कलेक्ट्रेट से रैदोपुर मन्दिर तक कई चाय-पान के ठिकाने हैं, जहाँ राजनीति, साहित्य, संस्कृति की गरमागरम चर्चाएँ होती हैं, शहर में आजकल कौन औरत तेज़ निकली है, किसकी औरत कहाँ फँसी है, किस संस्था की औरतें आजकल उड़ रही हैं, कौन सी संस्था साहबों को भुना रही है आदि पर पंचायत सभा का आलम क्या कहूँ, इतना रस है इन मुद्दों में कि खलिहर युवाओं और रिटायर बुज़ुर्गों के दल सारी सीमाओं को तोड़ बहस की अनन्त लकीर खींचते चले जाते हैं, इसकी चर्चा फिर कभी।

हाँ तो बात संस्थाओं की हो रही थी। जी हाँ, यहाँ कि स्त्रियों की मुखरता का यह समय कहना न होगा कि स्वर्ण काल है। इस शहर में साहित्य, संस्कृति, कला, संगीत से लेकर राजनीति तक में इनका हस्तक्षेप बढ़ा है। मास्टर उस्मान मनोहर मिश्रा को चमकती आँखों से बता रहे थे, मनोहर एक बड़े अख़बार में पत्रकार था और इन दिनों एक बड़े सांस्कृतिक आयोजन के कवरेज के लिए यहाँ आया हुआ था। मनोहर और उस्मान पुराने दोस्त थे और फ़ेसबुक पर इनकी ख़ूब झड़पें होती थीं। पर दोस्ती का आलम यह था कि प्रशासनिक आवभगत छोड़ वे गाँव में उस्मान के घर में डेरा जमाए हुए था।

इधर उस्मान के जीवन में अलग उथल-पुथल मची थी, फेकू की समस्या जस की तस बनी हुई थी, दशहरा सिर पर था और रामलीला की तैयारी ना के बराबर। नुक्कड़ नाटक टीम उनकी तैयार ज़रूर हुई थी पर मामला जम नहीं रहा था। मुख्य आकर्षण रामलीला का था और फेकू गहरे अवसाद में थे इन दिनों। मोनिका मैडम नुक्कड़ नाटक टीम को प्रशिक्षण दे रही थीं। मोनिका मैडम वैसे तो इब्राहिमपुर गाँव में प्राथमिक की अध्यापिका थीं पर रंगमंच से उनका जुड़ाव उन्हें उस्मान से मिलवाने का कारण बना। इलाहाबाद विश्वविद्यालय से पढ़ी-लिखी डॉ. मोनिका हिन्दी से पी-एच.डी. थीं, कविता-कहानी लिखती थीं और इलाहाबाद में रंगमंच से सक्रिय रूप से जुड़ी थीं।

मोनिका पारिवारिक तनाव से ऊब कर घर छोड़ इब्राहिमपुर चौराहे के निकट आरती मैडम के घर में किराए पर रहने चली आई थीं। स्कूल के बाद का समय पढ़ने-लिखने में बीतता, बेटी को आरती मैडम ने जैसे अडाप्ट ही कर लिया हो, सारा दिन उन्हीं से चिपकी रहती। मोनिका को अनचाहे बन्धनों से मुक्ति मिली। गजब की पढ़ाकू मोनिका को फेकू से एक दिन उस्मान मास्टर का पता मिला तो शाम को निकल पड़ीं मिलने। इनके मिलने की दास्ताँ भी कम दिलचस्प नहीं है।

उम्र कोई तीस से बत्तीस के पार, गेहुँआ रंग, क़द पाँच फुट छह इंच, कार, मोटरसाइकिल, स्कूटी से लेकर साइकिल तक बेहिचक गाँव के खड़ंजा पर उड़ा कर चलाने वाली मोनिका मैडम जब नई-नई गाँव में आई तो किसी अजूबे से कम नहीं थीं। हाफ़ पैंट और टीशर्ट पहनकर अन्दर-बाहर घूमने वाली मोनिका एक दिन शाम को उस्मान के रंग मंडल के कार्यालय में स्कूटी से पहुँची। स्कूटी खड़ा कर सीधे पुस्तकालय में, उस्मान उस वक़्त हारमोनियम पर कोई सुर साध रहे थे।

"क्या मियाँ! ऐसे बेसुरे सुर लगाओगे तो मुर्दे भी क़ब्र से उठकर तुम्हारा गला दबाने चले आएँगे।"

उस्मान की उँगलियाँ एकदम से थम गईं, "आपकी तारीफ़?"

मोनिका—"वैसे दुनिया हमको डॉ. मोनिका रस्तोगी कहती है पर आप मुझे मोनिका कह सकते हैं।"

किताबों की रैक के इर्द-गिर्द घूमते वह पलटकर कनखियों से उस्मान को देख लेती और उसे हक्का-बक्का देख मुस्करा लेती।

उस्मान परेशान—"देखिए मोहतरमा! बेहतर होगा कि आप आने की वजह बताएँ।"

मोनिका हँसते हुए उस्मान के सामने प्लास्टिक की कुर्सी खींचकर बैठ गई, "आप तो मुझे देखकर ऐसे सहमे हुए हैं जैसे कोई नारी सुकुमारी हनुमान का ब्रह्मचर्य भंग करने को आतुर लँगोट खींच रही हो।"

"हद है, आप कुछ ज़्यादा ही बेबाक नहीं हैं मैडम? मेरे बिना इजाज़त एक तो आ धमकी हैं दूसरे बेवजह बहस कर रही हैं।"

उस्मान ग़ुस्से में थे—"आने की वजह बताएँ और तशरीफ़ ले जाएँ।"

मोनिका उस्मान की मुश्किल समझ रही थी। कुछ किताबें उठाकर पाँच सौ का नोट पेपरवेट से मेज़ पर दबा रजिस्टर में अपना नाम ख़ुद ही दर्ज कर वह बिना दुआ सलाम किए चली गई। उस्मान जैसा सामाजिक प्राणी आज इस अतिथि को देख न कुछ समझ पा रहा था न कुछ खुलकर कह पा रहा था। कहते-कहते ज़बान जैसे पत्थर हो जाती। ऐसा नहीं था कि लड़की कोई मेनका, रम्भा-सी रूपसी अप्सरा रही हो पर उसका व्यक्तित्व कुछ अलग ही चुम्बकीय शक्ति लिए था। आने की वजह वह नहीं थी जो दिख रही थी, इतना उस्मान समझ रहे थे पर जो समझा था वह अभी इस क़दर उलझा था कि वो आँखें फाड़े स्कूटी से जाती मोनिका को एकटक निहारे जा रहे थे।

मनोहर बुत बने खड़े उस्मान की आँखों के सामने अपनी हथेलियों को हिलाकर झकझोर रहा था, "क्या हुआ भाई! कोई भूत-प्रेत देख लिया क्या?"

उस्मान ने लम्बी साँस लेकर कहा, "कुछ ऐसा ही समझो।"

दोनों एक-दूसरे को थोड़ी देर देखते रहे और अचानक ज़ोर से एक-दूसरे की मुद्रा देख हँसते हुए भीतर चले गए। आज फूफी ने ख़ूब मन से मटन बनाया था, दोनों ने ख़ूब तारीफ़ की और जमकर खाने के बाद छत पर टहलने चले आए। कुवार चढ़ चुका था, रात सिहरने लगी थी, आस-पास के घरों में सुत्ता पड़ चुका था। गाँव में आठ बजते-बजते घरों की बत्ती बुझने लगती है, गाँव ने अँधेरे संग नीरवता की चादर ओढ़ ली थी, आसमान की गहरे स्याह चादर पर तारों के सितारे टाँक चाँद वाली अम्मा अपने पूरे गोले में बैठी आराम से चरखा चला रही थी। मनोहर ने उस्मान से कहा, "भाई! एकान्त का सौन्दर्य कितना मोहक होता है, देखो ना यह ओस से भीगी रात आज कितनी मोहक लग रही है।" कहते वह मुस्करा रहा था।

"क्या बात है, आज तो तुम पूरे शायराना मूड में हो।" उस्मान मनोहर से पूछते थोड़े सहज हुए। मनोहर छत पर बने टिन शेड में से चारपाई बाहर निकाल लाया और निखहरी चारपाई पर बैठ सिगरेट सुलगाने लगा। उस्मान आकाश के शून्य में निहार रहे थे। थोड़ी देर दोनों मौन अपने आप में खोए रहे। मनोहर के मोबाइल की घंटी से दोनों की तन्द्रा टूटी, मनोहर ने फ़ोन उठाकर देखा और तुरन्त रिसीव किया, "हेलो!"

"मनोहर! कल सुबह तड़के पाँच बजे सिधारी पुल के नीचे पहुँच जाना, अच्छी गैदरिंग रहेगी यार! कवरेज ऐसा करना कि बात दिल्ली से भी आगे तक जाए।"

उधर से किसी उच्च अधिकारी का फ़ोन था, सुनते मनोहर ने हँसते हुए कहा, "निश्चिन्त रहें सर! हो जाएगा।"

उस्मान ने पूछा, "तुम्हें क्या लगता है भाई! नदी वास्तव में बच जाएगी?"

मनोहर ने उस्मान के चेहरे की ओर ग़ौर से देखा, वह जिज्ञासा भरी नज़र से देख रहा था।

"बच तो सकती है उस्मान भाई! बशर्ते शासन-प्रशासन नदियों को बचाने का अनुपालन कड़ाई से और क़ायदे-क़ानून से कराए तो।"

उस्मान—"हाँ तो फिर हो क्या रहा है यह सब, जिसके लिए तुम पिछले दस दिन से शहर की ख़ाक छान रहे हो।"

मनोहर—"एक हाइटेक ड्रामा।" वह कहते हुए मुस्करा उठा।

उस्मान—"फिर इस ड्रामे को लोग इतना महत्त्व क्यों दे रहे हैं भाई? क्या लोग पागल है या अनपढ़, पूरा शहर सुबह-सवेरे पहुँच जाता है घाटों पर और नदी में घुसकर कचरा निकाल रहा है।"

मनोहर—"यही तो ड्रामा है मेरे यार! जानते हो यदि इस नदी को बचाने की कोशिश भारत करता तो शायद कुछ बात बनती लेकिन यहाँ तो इसे बचाने के लिए इंडिया आगे है।"

उस्मान—"अब यह क्या बेतुकी बात हुई।" उस्मान चिढ़ गए।

मनोहर—"इसमें बेतुका क्या है, इंडिया मने फ़ैशनपरस्तों की दुनिया, भारत तो किसानों, मज़दूरों के हाथ में है और जो किसान, मज़दूर इस आन्दोलन में शामिल होते तो शायद नदी को बचाया जा सकता था। इस नदी का इतिहास जानते हो उस्मान भाई! यह नदी कैमूर पर्वतमाला स्थित तमसा कुंड नामक जलाशय से उत्पन्न होती है। यह गंगा की उपनदी है और अन्त में जाकर गंगा में ही मिल जाती है। इसका पानी अयोध्या के पास एक डैम में रोक लिया गया है। जानते हो! वहाँ के स्थानीय ख़बरों की यदि हम माने तो इसकी सचाई क्या है? इसकी सचाई यह है कि यह नदी कई किलोमीटर तक मिसिंग है और एक रिपोर्ट के अन्तर्गत यह नदी मिसिंग एड्रेस है। यार! यदि यह तमसा नदी का पानी नहीं है तो फिर सफ़ाई किसकी हो रही है सवाल ये उठता है, लेकिन सवाल करे कौन? आम आदमी को प्रकृति को बचाने की कोई ज़रूरत ही नहीं है, वह भाग रहा है। विकास का घोड़ा इतना तेज़ भाग रहा है कि आम आदमी केवल और केवल सुख-सुविधाएँ जुटाने में लगा है। अब देश-दुनिया की परवाह किसे है?"

उस्मान—"सच बोलना भी तो गुनाह है मनोहर! सच बोलने वाले को लोग पागल कहते हैं आजकल। शासन-प्रशासन इन्हें महत्त्व ही नहीं

देता, उन्हें चाटुकारों की फ़ौज चाहिए। सच बोलने वाले वे लोग हैं जो घर फूँक तमाशा देखते हैं, जो ख़ुद को दाँव पर लगाकर दुनिया को बचाने की जद्दोजहद कर रहे हैं। इन्हें कौन अपना मानता है मेरे भाई! ये तो पागल, सिरफिरे, दीवाने लोग हैं जिन्हें दुनिया की फ़िक्र है। आजकल इन्हें दुरदुराने की प्रवृत्ति बढ़ती जा रही है।

उस्मान कहते वक़्त ख़ासे निराश थे। फूफी ने दोनों को छत पर आकर टोका, "ओस गिर रही है, दोनों बीमार पड़ जाओगे। रात के ग्यारह बज रहे हैं। बिस्तर लगा दिया है दोनों का, मैं सोने जा रही हूँ। तुम लोग भी नीचे आ जाओ और किवाड़ की कुंडी ठीक से लगा देना।"

"चोर-चकार क्या पाएगा हम फ़क़ीरों के घर में फूफी, जो इतना डरती हो?" उस्मान ने हँसते हुए कहा। सब नीचे आ गए और सोने चले गए। उस्मान के लिए मोनिका एक पहेली बनी हुई थी। इधर चार महीने वह पहाड़ों पर घूमते रहे और पिछले ही हफ़्ते लौटे थे। इस बीच गाँव में कुछ बदलाव हुआ था पर बदलाव कैसे हुआ वह समझ नहीं पा रहे थे। लड़कियाँ थोड़ी बेबाक हुई थीं और कुछ भाइयों की मोटरसाइकिल चलाने लगीं थीं। सुबह पुलिस भर्ती के लिए लड़कों की तरह मैदान में दौड़ने निकल जातीं। वह देख रहे थे कि आज मोनिका से सामना हुआ।

वह सुबह फेकू की दुकान पर पहुँचे और कल की घटना कह सुनाई। फेकू सुनते ठठाकर हँस पड़े, "अरे मास्टर! उ तो मोनिका मैडम हैं। जल्दिए इहाँ रहने आई हैं और प्राइमरी में पढ़ाती हैं।"

"उमर तो अच्छी-ख़ासी है, ब्याह नहीं किया है लगता है मैडम ने, बड़ी बेबाक औरत हैं।" उस्मान ने कहा।

फेकू—"नहीं मास्टर, एक-दो साल की बेटी है मैडम की। तुम्हें तो अपनी दुनिया के सिवा कुछ दिखता नहीं, दो-तीन साल से यहाँ पढ़ा रही हैं। इधर कुछ हुआ है जिसके कारण यहाँ गाँव में आकर रहने लगी हैं वरना शहर में जहाँ तक बच्चे बताते हैं, घर है इनका।"

यह पहली भेंट थी मोनिका और उस्मान की, फिर रंगमंडल में मोनिका की आवाजाही ऐसी बढ़ी कि देखते-देखते नुक्कड़ नाटक की टीम तैयार हो गई। मोनिका अच्छी लेखिका थीं सो संवाद और कथानक लेखन की समस्या भी हल हुई। मोनिका के टीम में आने से उस्मान की कई समस्याओं का अन्त हुआ, महिलाओं की संख्या टीम में बढ़ी। कुछ कॉलेज की लड़कियों को जोड़ मोनिका ने सुदृढ़ टीम बनाई और कन्या भ्रूण हत्या पर कई नुक्कड़ नाटक खेले। ख़बर अख़बार में छपती और मोनिका के पति को पता चलता। वह आए दिन आकर तमाशा करता पर मोनिका ने एक बार जो फ़ैसला ले लिया सो ले लिया।

वह निकल चुकी थी नए रास्ते पर, पीछे लौटने की सारी उम्मीदों को किसी कुएँ में डाल वह रंगमंडल में रम गई थी।

फ़ैसला

मोनिका का पति आज फिर लड़कर गया था, मायके वाले घर लौटने का दबाव बना रहे थे। उसे सबसे ज़्यादा दुख अपनी माँ के व्यवहार पर होता। पुरानी सारी घटनाएँ चलचित्र की तरह उसकी आँखों के सामने चल रही थीं।

"मम्मी...मम्मी ऽऽऽ"

"तुनो न मम्मी..."

दो साल की पीहू माँ के गाल थपथपा कर कह रही थी। हार कर रोने लगी, मोनिका बुत-सी बैठी निरन्तर शून्य से टकराती और लौट आती निरुत्तर, करे तो क्या करे, कुछ सूझ नहीं रहा था। बग़ल में बिस्तर पर पड़ा फ़ोन घनघनाया तो धड़कनें बढ़ने लगीं। अगियाई धड़कनों की धुन, धुक-धुक धौंकनी-सी डरावनी आवाज़ बेटी की तीखी रुलाई संग मातमी माहौल बना रही थी। जलन से बेचैन उसका जी चाहता मोबाइल उठा कर दीवार पर दे मारे। घंटी दुबारा बजने लगी तो डर के मारे उठा लिया। उठाते ही तेज़ाब-सी गर्म आवाज़ कान में गूँज उठी—"कहाँ व्यस्त थीं? कोई मिल गया क्या? कहाँ रंगरेलियाँ मना रही थीं?

उधर से आरोपों की बौछार जारी थी, घबड़ा कर उसने कहा—"लैट्रिन में थी।"

"चुऽऽऽप्प झूठी, जब फ़ोन करो तुम्हारा यही बहाना रहता है। और ये पीहू क्यों रो रही है, उसको फ़ोन दो।"

मारे डर के माथे पर पसीने की बूँदें चुहचुहाने लगीं, धीरे से पीहू को फ़ोन पकड़ाते बुदबुदाई—"प्लीज़ पापा से कुछ मत कहना।" वह फ़ोन पकड़ा हाथ जोड़कर प्रार्थना करने लगी। बेटियाँ पैदा होते ही समझदार हो जाती हैं। उधर से बड़े प्यार से पूछा गया—"बाबू मम्मी कहाँ थीं?"

"तत्तीऽऽऽ...," उसने बड़ी मासूमियत से जवाब दिया। श्वेता ने बड़ी मुश्किल से रुलाई की फूटती आवाज़ को दबाया। फ़ोन करने वाला बच्ची से वैसे ही कुछ सवाल पूछ रहा था और वह सोच-सोच कर जवाब दे रही थी। वह दो साल में इतनी बड़ी हो गई थी कि माँ-बाप की लड़ाइयों का कारण कुछ-कुछ समझने लगी थी।

मोनिका का पति अनूप कानपुर में प्राइवेट नौकरी करता था, वह पिछले पाँच साल से घर से मीलों दूर इब्राहिमपुर में प्राइमरी स्कूल में पढ़ाती थी। शादी भी उसके बी.टी.सी. की योग्यता को देखकर हुई थी। आज भी उसे याद है कि सास ने पूरी बेहयाई से हँसते हुए कहा था जब देखने पहली बार आई थी, "मियाँ-बीवी में से एक की सरकारी नौकरी हो तो जिनगी बीत जाती है।"

पलट कर मोनिका की बड़ी बहन ने उसी तरह जवाब दिया था, "बढ़िया है न, अब लड़की कमाएगी, लड़का रोटी सेंकेगा।"

लड़ाई होते-होते बची थी। भाभी ने सँभाला हाथ जोड़कर वरना शादी टूट जाती। मोनिका की बड़ी बहन को रिश्ता बिलकुल पसन्द नहीं था। लड़का बी.टेक था। पिता के मौत के बाद भाइयों ने जैसे-तैसे मोनिका से मुक्ति के लिए जो रिश्ता घर आया झट तय कर लिया। इधर बी.एड., बी.टी.सी. लड़कियों के लिए रिश्ते घर चलकर मध्यवर्ग में आने लगे थे। कारण प्राइमरी स्कूलों की फिक्स नौकरी। आनन-फ़ानन मोनिका ब्याह कर विदा कर दी गई। बड़ी बहन चाह कर भी कुछ नहीं कर पाई। ख़ूबसूरत पढ़ी-

लिखी योग्य बहन अनचाहे वर संग कैसे रहेगी, सोच-सोच परेशान होती। पर समय सारे गम भर देता है, धीरे-धीरे सब अपनी-अपनी दुनिया में रम गए।

मोनिका जैसी तेज़-तर्रार लड़की घर-गृहस्थी को बचाने की जुगत में भिड़ गई और ख़ुद को ढालने लगी समय के अनुरूप। शुरुआत में एक-दो साल ठीक-ठाक बीता पर प्रैग्नेंसी के बाद पति पाई-पाई का हिसाब लेने लगा। मोनिका का पति बड़े बाप की बिगैड़ल सन्तान था। पिता आबकारी विभाग में अधिकारी थे, अकूत धन कमाया, पर जानते थे कि अगली पीढ़ी यदि कुछ नहीं करेगी तो सब कमाया बर्बाद होते देर नहीं लगेगी। समझदार थे। तीनों बेटों के लिए कमाऊ बहू ले आए, जीते जी तीन शहरों के तीन मकान बहुओं के नाम कर सम्पत्ति सहेज असमय चले गए। बड़े लड़के को पिता की अनुकम्पा नौकरी मिली और वह घर का मेठ बन गया। माँ भी उसी के साथ रहती, कारण सुविधाएँ अधिक थीं। बीचवाला बनारस में रच-बस गया, पत्नी सरकारी टीचर थी, दो मंज़िले मकान का किराया ऊपर से आता। टाइम पास करने के लिए जनरल स्टोर खोल शान्तिपूर्ण जीवन जी रहा था।

सबसे उथल-पुथल भरी ज़िन्दगी मोनिका की थी। साधारण क़द-काठी का अनूप ख़ूबसूरत बीवी पर इतना शक करता था कि डेली फ़ोन काल चेक करता। बहुत दिनों तक नौकरी छोड़कर साथ बैठा रहा। वह तो मोनिका की बहन का तीखा ताना था जो इधर तीन महीने से कानपुर में टिका था वरना बैठकर बीवी की कमाई खा रहा था। पिता दूरद्रष्टा भी थे, नौकरी करते हुए जिन शहरों में जमे, मकान पहले बनवाया। इलाहाबाद, बनारस और कानपुर में तीनों को ध्यान में रख कर मकान बनवाया। जानते थे दूर-दूर रहने पर प्रेम बना रहेगा वरना एक-दूसरे से कुढ़ते कटते-मरते रहेंगे। बड़ा इलाहाबाद में नौकरी पा वहीं रह गया, यह परिवार का मुख्यालय था। दूसरा बनारस में और अनूप अन्त में झख मारकर कानपुर चला गया। मोनिका की नियुक्ति के समय बहुत कोशिश की कि कानपुर में ही पोस्टिंग मिले

पर नहीं मिली, हार कर आज़मगढ़ में ज्वाइन करना पड़ा। अनूप को इस बात का सन्तोष था कि पाँच साल बाद ट्रांसफ़र हो जाएगा और मोनिका कानपुर लौट जाएगी।

अनूप का जीवन गहरे नकारात्मक भाव से भरा हुआ था। बी.टेक पास करते ही पहले पिता की मौत का पहाड़ गिरा। नाते-रिश्तेदार चाहते थे, माँ छोटे को नौकरी दे पर उसने भरे हुए को ही भरा। बड़े बेटे को पिता की अनुकम्पा नौकरी सौंप दी। वह पहले से ही शराब का अच्छा व्यापारी था, पत्नी भी बैंक में नौकरी करती थी, उस पर से माँ ने कमाऊ विभाग की नौकरी सौंप दी। घर में बड़े भाई की चलती थी, जैसे कहता वैसे माँ चलती।

उपेक्षा ने उसे ग़लत रास्ते पर ढकेला, शराब और सिगरेट की ऐसी तलब लगती कि शाम होते तड़पने लगता। घर में तनाव बढ़ता देख माँ उसे कानपुर लेकर चली आई। इलाज करवाया, समझाया-बुझाया, ख़ुद भी बड़े बेटे के रंग-ढंग देख रही थी पर अब पछताए होत क्या वाली हालत थी। माँ भी चतुरी की नानी थी, कानपुर में मायका था, भाई-बहनों से मंत्रणा की। सबने एक स्वर में कहा, अच्छी लड़की देख कर शादी कर दो, सब ठीक हो जाएगा।

तलाश मोनिका पर ख़त्म हुई। घर बैठे बड़े घर का रिश्ता पा मोनिका के भाई मगन हो गए, बाहर रुतबा बहुत था अनूप के परिवार का, दिखाने के लिए कानपुर में भाइयों ने माँ के दबाव में अनूप को मोटर पार्ट्स की दुकान खोलवा दी। अभी भी एक-तिहाई सम्पत्ति माँ के नाम थी। मोनिका ने उसी साल पढ़ाई ख़त्म की थी, संयोग से शादी के पहले ही वैकेन्सी निकली और उसका चयन भी हो गया। सास शुरू-शुरू में साये की तरह बहू के साथ जमी रहती, अनूप अनमने ढंग से दुकान खोलता और हफ़्तों बन्द कर बीवी के पास भाग आता। माँ अपनी पेंशन की मोटी रकम देकर उसे और बिगाड़ रही थी। सास शादी के छह महीने बाद ही बच्चे की ज़िद कर बैठ गई। श्वेता ट्रांसफ़र के पहले बच्चा नहीं चाहती थी। आए दिन घर

में कुहराम मचता और शिकायत मायके तक पहुँच जाती। बड़े भाई ने सख़्ती से कहा, "रहना तुम्हें हर हाल में उसी घर में है, अच्छी तरह समझ लो। ये मत सोचना लड़-झगड़ कर यहाँ चली आओगी और मैं सिर पर बिठा लूँगा। मेरी भी दो-दो बेटियाँ हैं मोनिका! तमाशा मत खड़ा करो प्लीज़।"

सुनते ही उसे काठ मार गया। गला रुँध गया, सोचने लगी क्या पापा होते तो वे भी ऐसा ही कहते? नहींऽऽऽ, ऐसा सपने में भी नहीं कहते। वो भाई की बात सुन घंटों रोती रही। पति के लिए मन में तनिक भी लगाव पैदा नहीं हो रहा था। उसके लिए औरत एक भोगने की वस्तु थी। उसे हर वक़्त लिपी-पुती औरत चाहिए थी और मोनिका सादगी पसन्द। दोनों के व्यक्तित्व में छत्तीस का विकट आँकड़ा।

सास जानती थी कि बच्चा होते ही बहू पूरी तरह क़ब्ज़े में आ जाएगी। अन्ततः भाभियों के ताने और सास के दबाव में मोनिका ने बच्चा पैदा करने का निर्णय ले लिया। नौ महीने सास ने बहू की ख़ूब आवभगत की, मोनिका सोचती, चलो अनूप चाहे जैसा हो परिवार तो अच्छा है न और सन्तोष कर लेती। पर बेटी के पैदा होते सास किसी तरह नहवाना करा बड़े बेटे के पास इलाहाबाद चली गई। मोनिका प्यारी-सी बेटी पा खिल उठी, दिन-रात बेटी और घर में व्यस्त रहती।

छह महीनी मैटरनिटी लीव रहने से सब सहज रहा। वह अनूप से अकसर कहती कि यहीं कोई काम शुरू कर लीजिए और वह देखता हूँ, सोचता हूँ, कहकर टाल जाता। बच्चे की व्यस्तता में वह मोनिका को देख धीरे-धीरे बड़ी चालाकी से उसका वेतन ख़ुद उतारने और ज़रूरत भर उसे दे जेब में ले घूमता, ऐयाशी करता। समस्या तब शुरू हुई जब वह दुबारा स्कूल जाने लगी। एक दिन किसी काम से बैंक गई, पूरा अकाउंट ख़ाली। वह वहीं बच्ची को गोद में ले थोड़ी देर सुन्न बैठी रही, सिर चकाराने लगा। साथ में उसका सहकर्मी भी बैंक आया था। उसे सुस्त बैठा देख पूछा, "मैम आपकी तबीयत तो ठीक है न?

उसकी आँखें नम हो गईं, "थोड़ा-सा चक्कर आ रहा है सर!"

वह गॉर्ड से पानी माँग मोनिका से बोला, "हस्बैंड को फ़ोन कर बुला लीजिए या कहिए तो मैं घर छोड़ दूँ।"

मोनिका का मन हस्बैंड सुनते सुलग उठा, लाखों की बचत अनूप बिना पूछे उतार चुका था और पिछले दस महीने से बेकार बैठा था। उसने बुझे मन से कहा, "यदि आपको परेशानी न हो तो छोड़ दीजिए।"

दोनों घर के फाटक तक अभी पहुँचे ही थे कि अनूप भी आ गया। मोनिका ने परिचय कराया, अनूप गर्दन हिला कर रह गया। घर में पहुँचते मोनिका ने अनूप से पूछा, "मेरा अकाउंट कैसे ख़ाली हो गया, इतने पैसों की ज़रूरत क्यों पड़ी आपको? कम-से-कम मुझे बताया तो होता। आज बैंक गई थी, पूरा अकाउंट ख़ाली है। यह सब क्या है अनूप?"

अनूप तिलमिला गया, "तो तुम मुझसे हिसाब लोगी?"

जेब से पाँच-पाँच सौ के नोट निकाल मुँह पर मारते हुए वह चिल्ला रहा था। उसे तनिक भी अनुमान नहीं था कि मोनिका ऐसे रिएक्ट करेगी। मोनिका आपे से बाहर हो गई, "एक मिनट अनूप! एक बात कान खोलकर सुन लीजिए, यह मेरी कमाई है और मैं इसे बहुत मेहनत से कमाती हूँ। ऐसे आपको उड़ाने की इजाज़त नहीं दूँगी।"

अनूप उस वक़्त कुछ सोच कर चुप रह गया और बाइक ले कहीं चला गया। दोनों के झगड़े का हाल जान सास भागी आईं और दोनों को समझा-बुझाकर सब शान्त किया। मजबूरी में सास को मोनिका के पास रहना पड़ रहा था। बच्ची छोटी थी और सी.सी.एल. मिल नहीं रहा था। मोनिका कामवालियों पर भरोसा नहीं कर पा रही थी और अनूप को येन-केन-प्रकारेण उसके वेतन का हिसाब चाहिए था। लाख कोशिशों के बाद भी अनूप किसी काम में स्थायी रूप से रमता ही नहीं था। दो-चार महीने में ही काम छोड़ घर बैठ जाता। कानपुर के मकान का किराया आ ही रहा था और यहाँ का सारा ख़र्च मोनिका उठाती ही थी। फिर भी वक़्त-बेवक़्त

उसका मर्द जागता और वह मोनिका से भिड़ जाता। उसे मोनिका की अपने मन से ख़र्च करने की आदत बिलकुल पसन्द नहीं थी। चाहता कि वह पाई-पाई उससे पूछकर ख़र्च करे और यहीं दोनों में भिड़ंत हो जाती।

पुरबिया मर्दों में एक अजीब-सी मर्दवादी ठसक रहती है। औरत का तनकर खड़ा होना उनके लिए इतना अपमानजनक होता है कि उनका बस चले तो औरतों की ज़बान पर ताला जड़ दें। अनूप को मोनिका की बेबाक़ी, आधुनिक ख़यालात और मन के पहनावे से इतनी चिढ़ होती कि आपा खोकर चीख़ता-चिल्लाता और मनगढ़न्त लांछन लगा नियंत्रण में रखने की कोशिश करता। देखते-देखते चार साल बीत गए और शादी के पाँचवें साल में भी अनूप जस का तस ज़िद्दी, चिड़चिड़ा और हिंसक बना रहा। यह तो शुक्र था कि बीच-बीच में वह कानपुर चला जाता था वरना जीना दूभर हो जाता मोनिका का। शादी को लेकर जितने ख़्वाब थे, सबकी धज्जियाँ अनूप उड़ा चुका था। सास बस एक ही टेर लगाए रहती कि अपना ए.टी.एम. पति को दे जीवन में शान्ति लाओ। आख़िर तुम्हारी जिठानियाँ भी तो यही करती हैं। बड़ी तो यह भी नहीं जानती कि उसकी सैलरी आती कब है। वह यह बात जितनी सहजता से मनवाना चाहतीं, मोनिका उतनी असहज हो जाती।

मोनिका ने फेकू के कहने पर रंगमंडल के आयोजन में पाँच हज़ार का चन्दा दे दिया और किसी माध्यम से अनूप को पता चल गया। शाम को अनूप ए.टी.एम. कार्ड पूरी बेहयाई से मोनिका से माँगने लगा, "साला तुमको नचनियों, गवनियों पर कमाई लुटानी है, अपनी चेकबुक, पासबुक, ए.टी.एम. लाओ वरना समझ लो क़िस्सा ख़तम। मैं साला यह सब बर्दाश्त नहीं करूँगा, कह देता हूँ।"

मोनिका—"हद है! कमाई मेरी और हिसाब आप रखेंगे।"

अनूप—"रखूँगा हिसाब, एक बात कान खोलकर सुन लो, जो साथ रहना है तो मेरे हिसाब से रहो वरना रास्ता नापो।"

मोनिका—"एक मिनट अनूप! आपको क्या लगता है कि मैं आपकी ग़ुलामी बजाऊँगी तो सुन लीजिए कि मुझे ख़ुद इस रिश्ते से पीड़ा होने लगी है और जो एक शब्द आपने अपशब्द बोला तो मैं बर्दाश्त नहीं करूँगी।"

अनूप का ख़ून मोनिका की बातें सुन उबल रहा था, वह मारपीट पर उतर आया। सास ने बीच-बचाव करने की कोशिश की पर अनूप बेतहाशा मोनिका को मारता रहा। मोनिका ने भागकर ख़ुद को कमरे में बन्द कर पुलिस को फ़ोन कर बुलाया और अपना सामान और बच्ची को ले उसी रात घर छोड़ आरती मैडम के मकान में रहने चली आई। भाई-भाभियों को जब पता चला तो अलग बवाल। भाइयों ने अनूप के साथ रहने का दबाव यह कहते हुए बनाया कि जो साथ नहीं गईं तो नाता तोड़ लेंगे।

औरत तब तक ही कमज़ोर होती है जब तक रिश्तों-नातों के बोझ तले दबी रहती है। जैसे ही रिश्तों के भय से मुक्त होती है वह अपनी चेतना के आलोक में ख़ुद को देखने लगती है और ख़ुदमुख्तार हो जाती है। मोनिका ने उस दिन के बाद अकेले बच्ची की परवरिश करने और अकेले रहने का फ़ैसला लिया और तलाक़ की अर्जी डाल अनूप से मुक्ति की घोषणा कर दी।

फुलगेनवा न मारो हे राजा जी

इब्राहिमपुर गाँव के पुरोहित चनरमा पंडित के आँगन में अलग तमाशा रह-रहकर इन दिनों खड़ा हो रहा था। उनकी बड़ी बेटी पिंकी के कपार पर हरसू ब्रह्म चढ़कर आए दिन बैठ जाते। आधे बिस्से के लम्बे-चौड़े आँगन में सियापा छा गया। ओसारे में मिठुआ बो कुटा कर आया चावल पछोर रही थी, सूप पर अँगूठे की ठक-ठक की लय के साथ उठता हाथ एकदम से रुक गया। छोड़कर दुवार की ओर भागी, दुवार पर चनरमा पांडे लकड़ी की पुरानी कुर्सी पर बैठे सोरठी बृजभान की कथा पूरे लय से गाए जा रहे थे, "अरेऽऽऽ हे मलिकार! बहिनि फिरो खेले लगली।"

मिठुआ बो थरथर काँप रही थी। चनरमा पांडे पोथी माथे लगा बरामदे के ताख़े पर रख भीतर आए। अन्दर का दृश्य बड़ा बीभत्स था। पिंकी अपना कपड़ा दाँत से काट-काट कर फाड़े जा रही थी, हाथ, मुँह नाख़ून से नोच-नोच कर लहूलुहान कर चुकी थी। लम्बे काले बाल खोलकर कपार गोल-गोल घुमाती और ताबड़तोड़ पीटती।

आँगन में सुगना देवी सहमी ब्रह्म, देवता, पित्तर गुहरा रही थीं। दो छोटी बेटियाँ माँ का आँचल थामे जय काली माई! जय हो काली माई! रटन लगा रही थीं। चनरमा पांडे ओसारे की खूँटी से नई बरी जूट की रस्सी उतार आँगन

में खेल रही पिंकी की ओर बढ़े। बाप को आता देख लड़की चारों तरफ़ भागने लगी। अजीब दृश्य था। लड़की कभी इस कोने तो कभी उस कोने सरपट भागती और नथुना फुला-फुला बाप को गरियाती, हरामख़ोर साले, ऽऽऽसुर्तवाला, ससुरऽऽऽ हमको बान्हेगा! हरसू ब्रह्म हैं हम, नहीं छोड़ेंगे रे।"

चनरमा पांडे पिनक गए, पत्नी पर गुर्राए, "साली! तेरी माँ की!... पकड़ती काहे नहीं है?"

सुगना देवी सकपका गईं, पति का तेवर देख लपककर बेटी को पकड़ लिया। चनरमा पांडे ने न आव देखा न ताव, लम्बी छलाँग लगा बेटी पर टूट पड़े। लड़की अर्द्धनग्न अवस्था में थी। हाथ-पैर बाँधते हुए मझली बेटी पर चिल्लाए, "तमाशा का देखती है, चदरा लाकर तोप साली को, इज़्ज़तिए डूबी जाती है।"

पूरा परिवार आँगन में लड़की को घेरकर बैठ गया। मिठुआ बो अब तक चुप ओसारे में खड़ी थी। माहौल शान्त देख आँगन में सुगना देवी के पास आकर बैठ गई। छोटी जात की औरत का यूँ घर के मामले में दख़ल सुगना को नागवार लगता। वह तमक कर उठ खड़ी हुईं, "अब मजमा का जमाए हो, महाराज जी को ख़बर करो पिंकी के बाबूजी।"

आँख से आँसू बह चले। आँचल से आँख पोंछते पट्टीदार महेन्दर की मेहरारू को श्राप देना शुरू किया, "उहे हरामजादी दी है, छिनरी नइहरे से लेकर आई थी। हम जानते हैं, भर जवानी अँगना में नंगटे लोट-लोट खेलती थी, पिंकी के बाबूजी। हमने देखा है अपनी आँखों से। कवन-कवन देस, ओझा सोखा बड़की चाचीजी नहीं नापीं, तब जाकर ब्रह्म उतरा अउर बंश चला। हाय रे विधाता! हमरे तो करम फूटा, बियाह निगचा गया है, कइसे धरम चलेगा।"

छाती धुन पोक्का फाड़कर रोने लगीं। चनरमा पांडे फट पड़े, चप्पल निकाल तीन-चार चप्पल बीवी की पीठ पर धमका कर दुवार की ओर गरियाते फारिज हुए। प्लास्टिक के मोटे चप्पल की मार से सुगना देवी तिलमिला गईं। मिठुआ बो को छिहत्तर गारी देने के बाद सुगना देवी जब

थक गईं तो बेटी का ख़याल आया। लड़की ठंडी लाश की तरह चित्त आँगन में पड़ी थी। छोटी दोनों बेटियाँ जो क्रमशः बारह और चौदह साल की थीं, एक कोने में सिकुड़ी खड़ी थीं। सुगना ने बेटियों की सहायता से पिंकी को कोठरी में उठाकर पलंग पर लिटा दिया। हाथ-पैर खोलकर कपड़े पहनाए और ज़ख़्मों पर हल्दी-चूना गरम कर लगाने लगीं। पिंकी अब सामान्य हो चुकी थी। माँ के चेहरे पर चिन्ता की लकीरें देख थोड़ी दया आई। लड़की माँ से लिपट कर रोने लगी। अँधेरा घिर चला था। घर की दशा देख दोनों छोटी लड़कियों ने रसोई बनाना शुरू किया। मझली स्वीटी ने छोटी डिम्पल से पूछा, "का दिदिया बियाह करेगी?"

डिम्पल ने रोटी बेलते हुए कहा, "हमको नहीं लगता कि ब्रह्म छोड़ेगा।"

दोनों ने एक-दूसरे की आँखों में झाँका और मुस्कराकर रह गईं। चन्द्रमा पांडे अच्छे खेतिहर किसान थे। व्यापारिक फ़सलें बोते। बाज़ार आँक कर गुड़, दलहन, तिलहन पूरे गाँव का ख़रीद कर भंडार कर लेते। जब बाज़ार चढ़ता, बेच कर तगड़ा मुनाफ़ा कमाते। पूरा गाँव कहता लछमिनिया गोड़ तोड़े बैठी है पट्ठे की तिजोरी में, कभी घाटा नहीं होता। अन्न धन से घर भरा था, कमी थी तो एक बेटे की। बेटे की इन्तज़ारी में छह बेटियाँ सुगना जन चुकी थी, जिसमें तीन मर चुकीं थीं तीन जिन्दा थीं। बड़ी बेटी पिंकी रूप-रंग के साथ घर में बरक्कत लेकर आई थी। उस साल गोड़ तोड़ धान हुआ। कोना, कतारी सब भर गया। दुवार पर मुनाफ़े से टेबुल लगवा चनरमा पांडे चानी काटने लगे। दुवार के दो बिगहे के चक में गुलाब और गेंदे की खेती करने लगे। चारों पट्टी दाँत निपोर मज़ा लेता, बाभन मल्होरी हुए। आस-पास के मालियों को रोज़गार मिला और देखते-ही-देखते ट्रक पर लाद कर आज़मगढ़ से फूल बनारस की बड़ी मंडी जाने लगा। पूरा इलाक़ा अब फूल की थोड़ी-बहुत खेती ज़रूर करता, रोज़ की आमद बनी रहती।

पिंकी पाँच वर्ष की हो गई, माँ दो बार उम्मीदों से रही और पाँचवाँ महीना लगते बच्चा गिर जाता। पांडे चिन्तित हुए, काशी से सात ब्राह्मणों

को बुलाकर यज्ञ-हवन हुआ। फिर उम्मीद जगी और वही हुआ जो दो बार पहले हो चुका था। पांडे की नींद उड़ गई। मिठुआ मल्होरी अन्दर-बाहर का राजदार था। एक दिन मंडी से लौटते वक़्त मालिक से अनुनय किया। चमरौटी का लोटना बड़ा जगता हुआ है इन दिनों, कहें तो बात करूँ। मरता क्या नहीं करता। बात हुई, औरत का नीचे-ऊपर का बाल काट कर भेजा गया। लोटना ने जन्तर बनाकर भेजा। बड़ा पिशाच है, घरहीं का, बंश नहीं चलने देगा, आदि-आदि बताया। चनरमा पांडे मेहरारू को जन्तर पहनाने लगे तो वे झटक कर भाग खड़ी हुईं, "राम ऽऽऽराम राम चाचीजी कहती हैं जन्तर में सुवर का मांस है।"

कहते हुए सुगना देवी हाथ जोड़ने लगीं, "देखिए न भक्क-भक्क बस्साता है।"

पांडे जानते थे औरत को यहाँ प्रेम से समझाना पड़ेगा। गमछे से आँख पोंछने का ढोंग करते मूड़ी गोत के उकड़ूँ बैठ गए। औरत पसीज गई, "अच्छा अब इतना मुँह गिराने की ज़रूरत नहीं है, हाथ से जन्तर लेकर गले में पहन लिया।"

पांडे मन-ही-मन विजयी ललकार लगाकर खेत की ओर चले। गुलाब की क्यारियों के बीच से गुज़रते मन ख़ुशबू से मदमस्त हुआ जा रहा था। गुनगुनाने लगे—"तोहरी कुसुमी रे चुनरिया इतर गमके...।"

सूरज डूब रहा था, आकाश सिन्दूरी रंग में नहाया आबोहवा में और नशा भर रहा था। पांडे रंगबिरंगे गुलाबों के लहलहाते खेतों को देख मस्त मगन खरिहान के कोठारे की ओर बढ़ रहे थे कि सामने से मिठुआ की नवब्याहता चम्पा पाजेब बजाती आती दिखी। औरत वीरान खेतों में मुँह खोले हाथ में सुर्ख लाल गुलाब के फूल लिए मधुर स्वर में गाती चली आ रही थी—"फुलगेनवा न मारो ए राजा जी..."

अचानक सामने चनरमा पांडे को पा सकपकाकर आँचल से माथा ढक पैर छूकर प्रणाम किया। फूल हाथ से छूटकर पैरों पर गिर पड़ा।

मिठुवा बो झटपट आगे बढ़ गई। ये आमने-सामने की चम्पा और पांडे की पहली भेंट थी।

गेहुँए रंग की भरे बदन तीखे नैन-नक्श वाली चम्पा के फूल जिस दिन से पांडे की जेब में पड़े, बिहान पाजेब की रुनझुन की आवाज़ सुन होने लगी। लगातार बेटियों को जनने और मृत्यु के शोक ने सुगना देवी को रोगी और कान्तिहीन कर दिया था। वे आए दिन बीमार रहतीं। चम्पा घर का काम करती, सुगना देवी की सेवा-टहल में दिन बीतता। मिठुवा पांडे का दाहिना हाथ, हट्टा-कट्टा गबरू जवान लेकिन पत्नी के पास जाते ही असफल पति सिद्ध होता। देखते-देखते शादी को तीन साल बीत गए तो लोटन की मड़ई में ठर्रा की बोतल ले रात को पहुँचा। लोटन और मिठुआ ने जमकर दारू पी, जब नशा आँखों में तैरने लगा दोनों खुलने लगे।

मिठुवा रो रहा था, "लोटन भाय बस तुम्हरे असरा बचा है। अब तो जात के भाय दयाद भी पूछने लगे हैं कि काहे लइका नहीं होता? मेहरारू अलगे ताना मारती है। मन करता है लाल गुलाबों की बिरवाई में गला रेत कर लाल कर दूँ। साला चनरमवा बभना कनखी से मेहरारू की छाती पर दाँत गड़ाता है।"

गमछा से आँसू पोंछ कर मिठुवा फटाक से अपना मूड़ी लोटन के पैर पर पटक कर नाक रगड़ने लगा। लोटन पक्का पियक्कड़ था। दस बोतल पचा कर ख़ुद पर काबू रखने में माहिर। लोटन खैनी रगड़ते हुए बोला, "अच्छा भाई ठीक हऽऽऽ हं त बाउ जान जा, की त माया मिली, की त राम। बंस चलाना है तो बाभन को फाँसो, नाहीं त दुनिया का ताना सुनो। जिस दिन मेहरारू पगहा छोड़ाएगी न, राज पोक देगी एक छिन में। बुझे राजाऽऽऽ!"

लोटन की आँख ढिबरी के उजाले में बिल्ली की तरह चमक रही थी। मिठुवा कपार पर दोनों हाथ धरे बैठ गया। तीनों लोक आँखों के सामने नाच रहा था। वह लोटन का इशारा समझ गया था। उस रात वह रात भर सो नहीं पाया। जो सामने दिख रहा था उसकी ओर आँख मूँद कर चलने

का निर्णय ले जीवन की गाड़ी खींचने लगा। डॉक्टर, वैद्य के यहाँ जाने से डर लगता, कि जो औरत जान गई तो सबसे गा-बजा कर उनका जीना दूभर कर देगी।

चनरमा पांडे पिंकी पर ख़ूब दुलार लुटाते। गुलाबी होंठ, धूप-सी गोरी बेटी रूप और लक्ष्मी साथ लेकर आई थी। चनरमा घर से निकलते वक़्त बेटी के पाँव छूते तो खिलखिलाकर हँसती पिंकी, "पापा खुत रहो।"

दन्त पंक्तियाँ झिलमिल तारों की तरह दमक उठतीं। चनरमा का मकान बाभनटोले के अन्तिम छोर पर लगभग गाँव के बाहर था। पिता पाँच बीघे की खेती के साथ यजमानी करते अभावों से जूझते मर गए, माँ इकलौती सन्तान चनरमा को लेकर मायके काशी चली गईं। विश्वनाथ गली की आबोहवा और पुरोहितों की संगत में चनरमा साम, दाम, दंड, भेद में पारंगत हुए। शिक्षा पुरोहित परिवार में ममहर होने के नाते गुरुकुल में हुई और किसी तरह मध्यमा पास कर गए ।

चनरमा युवा पंडों संग दिन-भर घाट पर घूमते। चन्दन तिलक लगा येन-केन-प्रकारेण सौ-पचास गंगा पूजन, अर्पण, तर्पण करा कमा लेते। सुन्दर कद-काठी, भभकता गोरा रंग, नाना की लम्बी-चौड़ी यजमानी देख लड़की वाले गिरने लगे। मामियों में अपने बेटों के पेट पर लात रखते देख पहले ही बौखलाहट मची थी, समहौतिये बेटों के सामने इन पर तिलकहरुओं का टूटना वज्र ढा गया।

बड़े मामा ने माँ-बेटे को इत्मीनान से बैठाकर एक दिन फ़रमान सुनाया, "बहिन! हमने अब तक तुम्हारे खेत, बाग, घर सब की रखवाली की, अब चनरमा को बाप-दादा की पूँजी पर लौटना चाहिए।"

माँ को काठ मार गया। बेटे की पुरोहिती चटकते देख अभी मन भर ख़ुश भी नहीं हो पाई थीं कि दुर्दिन याद हो आया। माँ-बेटे भारी मन से काशी छोड़ अपने गाँव इब्राहिमपुर की ओर चले, पास में कुल जमा पूँजी दस हज़ार चनरमा के और दो हज़ार रुपये माँ के पास थे। गाँव की बटाई पर

दी हुई खेती की मालगुज़ारी बड़े मामा के पास आती, जिसका कभी हिसाब न उन्होंने दिया और न उनसे पूछने का साहस चनरमा की माँ कर पाईं।

गाँव पहुँचे, घर खँडहर बन चुका था। पट्टीदारों के पशु दरवाज़े तक बँधे थे। दुवार पर चारों तरफ़ गोबर, गोंईठा और गोहरौल पटा हुआ देख भगवती देवी सुन्न हो गईं। भाई हर साल गाँव आते और घर-दुवार देखने की बात कर सब सुरक्षित होने की आश्वस्ति देते रहे, इतना बड़ा छल। वहीं धम्म से जो गिरीं कि चारपाई पर पड़ गईं। लकवे से बायाँ पैर सुन्न हो गया। निराशा की अमावस ने कुछ इस तरह घेरा कि चनरमा के चारों तरफ़ अँधियारा छा गया। एक तरफ़ बीमार माँ दूसरी तरफ़ रहने-जीने की सुरसा के मुँह-सी विकराल समस्या। भाई जात महेन्दर पांडे ने दया दिखाई, घर रहने लायक़ होने तक आसरा दिया। जी-जान से चन्द्रमा घर की मरम्मत में लग गए। मज़दूरों संग पछोटा बाँध कर ख़ुद भी भिड़ गए गारा-पानी करने में। कोहार को बुलाकर थपुआ-नरिया गढ़वा दुवार पर सामने पकवाया, बँसवार से बाँस कटवा लाए, बाग़ से दो शीशम के पेड़ डाँड़-मुंडेर के लिए कट गए। रात-दिन एक कर दस दिन में तीन कोठरी, आँगन और ओसार और दालानवाला मिट्टी का घर फिर से उठ खड़ा हुआ।

चनरमा चतुर थे। भाई-दयादों से लोहा लेकर चार बिस्से का दुवार ख़ाली कराना आसान नहीं था सो दिमाग़ का घोड़ा दौड़ाया। सबसे पहले महेन्दर से क़ब्ज़ा हटवाना था। आधी रात को उठ पशुओं के खूँटे को सेंदुर तेल से टीक लौंग गिरा आए। अगले दिन उनकी सबसे तगड़ी भुवरी गाय मुँह से गाज फेंक कर मर गई। था तो यह संयोग मात्र पर टोले में कुहराम मच गया। लोटन बुलाया गया। घंटे भर लोटन का तमाशा चला। गोईंठा सुलगा कर लोहबान और लाल मिर्च का हवन शुरू हुआ। मजमा जमा था, लोटन आहुति डाल कुछ बुदबुदाता और ज़ोर से चिल्लाता, "जय हो कलकत्ते की काली माई, इनार क ब्रह्म जागो! जागो दक्खिन की चमईया माई जागऽऽऽ!"

मिर्च की झौंस, लोहबान, कपूर की अगियारी से माहौल डरावना हो गया। लोटन मरी हुई गाय की देह के पास मुगदर पीटने लगा। औरतों ने छोटे बच्चों को गोद में उठाकर आँचल में छिपा लिया। आधे घंटे की नौटंकी के बाद महेन्दर से बोला, "ज़मीन में सोया देवता जाग गया है, जगह में भारी दोख है, इहाँ पशुओं पर कोप है।"

महेन्दर भारी मन से खूँटे उखाड़ अपनी चरन पर पशुओं को ले गए। आधा दुवार बड़ी आसानी से ख़ाली देख चनरमा मन-ही-मन मगन हुए। समस्या से इतनी जल्दी मुक्ति मिलेगी सोचा न था। इष्ट देवताओं को आभार जताया और काम में लग गए। जीवन की गति बढ़ने लगी। पास पड़ी जमा-पूँजी ख़त्म हो गई। नई फ़सल आने में समय देख चनरमा को जीविका की चिन्ता हुई। माँ बिस्तर पर, रोटी-पानी से लेकर खेती-बाड़ी सब की चिन्ता में तिलक-चन्दन छूटने लगा। पिता की यजमानी पर महेन्दर क़ब्ज़ा जमा चुके थे। आजकल भिनसहरे चन्दन तिलक लगाकर चकचक धोती और रामनामी गमछा लपेट शिवाले में जा जमते। चनरमा के संस्कृत ज्ञान से सहमे महेन्दर पांडे कुप्रचार में लग गए, सुदामा अहीर की माँ से जा लहराए, "काशी में जिसका कथा बाँचते थे ससुर उसकी मौत हो जाती, काकी, ममियाउर वालों ने खेद दिया बच्चा को। जब से धरमपुर आए हैं माई-बेटा, आग लगी है, हमारी सबसे पक्की गाय ससुर गोड़ धरते खा गए, जनमते बाप। भिनसहरे उठ के शिवजी को गुहराता हूँ काकी! नहीं तो गाँव भसम हो जाता।"

मुँह बाए सुदामा की माँ ध्यान लगाए सुन रही थी। बात ख़तम होते हुँकारी पार टोले की ओर निकल गई। अगली सुबह तक बात आग की तरह पूरे गाँव में फैल गई। चनरमा की यजमानी आस जगने से पहले बुझ गई, बेचारे तक ख़बर पहुँची तो कान खड़े हुए और प्रतिस्पर्धा समझ आई।

धान की फ़सल कट कर खलिहान से घर में आ गई। सिवान ओस से भीगने लगे, चनरमा घोर निराशा में माथा धुनते। बनारस की सुगन्ध में नहाई

विश्वनाथ गली, गंगा घाट और गुरुकुल का जीवन याद कर मन भर रोते। एक माँ थी जो दुख-दर्द समझती थी वह भी चारपाई में सटी जा रही थी। आगे नाथ न पाछे पगगह, चनरमा खाने भर धान रख गाँव में से किसी से साइकिल मँगनी माँग ढोने भर धान की बोरियाँ लाद बड़ी मंडी ले जाकर बेचते। गाँव के बनिए से बोरी पीछे पचास की बढ़त मिलती। चार दिन की कड़ी मेहनत के बाद अंटी में कुछ रुपये आए। रुपये की महक से कुछ बल मिला। एक सुबह दिसा-मैदान से निबट कर पिछवारे का दरवाज़ा खोल हाता साफ़ कर कुछ बिरवाई लगाने की ग़रज़ से खरहरा ले झूँटा-माटा बुहारने लगे। अचानक एक कोने में कुछ गेंदे के पौधे देख खिल उठे। बागबानी का शौक़ गुरुकुल में ख़ूब था। पौधों के पोषण पानी की अच्छी समझ थी। सोच में पड़ गए, कहाँ से घूरे पर गेंदे के पौधे आए? दिमाग़ पर ज़ोर डाला तो याद आया सावन में मार्कंडेय महादेव से लाई प्रसाद की माला यहीं फेंकी थी।

दिन-भर हाता साफ़ करते रहे। दोपहर तक मेहनत रंग लाई, बिस्से भर की जगह निकल कर सामने आई। चनरमा को ध्यान आया माँ सबेरे से ख़ाली दूध पीकर पटाई है। फावड़ा, खुरपी, खरहरा, खाँची घर में रख कटी हुई झाड़ियों में आग लगा, नहा-धोकर आँगन में चूल्हे पर हाथ से चार हथरोटिया लगा बची हुई आग में आलू भून कर तेल-मिर्चा मिलाकर चोखा बनाया। थककर चूर थे। माँ को खिलाकर चद्दर तान सो गए। सपने में देखते हैं हाता समेत पिछवाड़े का दो बीघे का चक गेंदे और गुलाब की ख़ुशबू से महमह महक रहा है। एक दिव्य सुन्दरी अप्सरा आँचल पसार फूल लोढ़ रही है। भगवती देवी को दिन ढलते देख शंका हुई, कहीं लड़का बीमार तो नहीं पड़ गया। चारपाई पर पड़े-पड़े आवाज़ लगाने लगीं—"चन्दूऽऽऽ ओऽऽऽचन्दू!"

माँ की आवाज़ कान में पड़ी तो अचकचाकर जग गए। भागकर माँ की चारपाई के पास पहुँचे। माँ ने माथा छूकर देखा कहीं बुख़ार तो नहीं? माँ की चिन्ता समझ चनरमा मुस्कराए, "क्या रे माई! फटेहाली में परियों के ख़्वाब से जगा दिया।"

भगवती देवी जवान बेटे की ज़रूरतों को भलीभाँति जानती थीं। मन विचलित हो गया। अगली सुबह तीन ओर हाते में क्यारियाँ बना गेंदे के पौधे रोप पड़ोसी रविन्दर के घूरे से गोबर की खाद पौधों में डालते वक़्त पौधों की सुरक्षा का ध्यान आया तो काम निबटा अहिरौटी का रुख़ किया। प्राइमरी स्कूल के बरामदे में हमउम्र लड़कों की मंडली देख चनरमा को युक्ति सूझी। लड़के ताश खेल रहे थे, सब एक से बढ़ कर एक पहलवान। गाँव के वीराने में प्राइमरी स्कूल शाम होते ही बाल मंडली की मस्ती का अड्डा हो जाता। काशी के पंडों के साथ रह कर यजमान को फाँसने का संस्कार चनरमा साथ लाए थे। यजमान को ठग कर काम निकालना जानते थे। पास पहुँचने पर सुदामा पहलवान के छोटे भाई ने मुस्की तानी, "पाव लागीं बाबा, कइसे इधर?"

पुन्नी ने भौंहें तान कर सवाल दुहराया, "महराज इधर कइसे?"

चनरमा सबके चेहरे को मन भर नाप-तौल रहे थे। ख़ूब दम साध कर बोले, "यजमानों का कल्याण हो।"

जानते थे अहिरौटी की यजमानी उनके पिता के हिस्से थी। लड़के तन कर बैठ गए, ताश का खेल बन्द हो गया। चनरमा किसी का हाथ देख भाग्य बताते, किसी का ललाट। रंग जम गया। बातों-बातों में पट्टीदार महेन्दर के दुष्प्रचार का पता लगा। लड़कों से चनरमा ने बड़ा आग्रह करने पर बताया कुछ बबूल की डालियाँ बाड़ बनाने के लिए चाहिए। लड़के हँसे, "ईल्लो! का बाबा! मँगबो किए तो बब्बुर क काँटा।"

सुदामा यादव का छोटा भाई लल्लन कह चकाचक दोहरा का पैकेट फाड़ मुँह में डाल चबाने लगा, "बाबा आप चिन्ता न करें, घर जाएँ, भिनयिहें काँटा पहुँच जाएगा।"

चनरमा मुस्कराते हुए घर आ रोटी-पानी में भिड़ गए। सूरज चढ़ने तक बाढ़ बन गया। अहीरों के लड़कों को देख महेन्दर का माथा ठनका। कभी कोली, कभी कोठा, कभी खिड़की से ताक-झाँक करते धोती फटकार-

फटकार मेहरारू को गरियाते, "तेरी माँ की, साली कहता था अपनी बहन की करियरी बेटी से ब्याह करा, क़ब्ज़ा जमा, लेकिन काहे को हरामख़ोर, ले मज़ा। मामला हाथ से निकल गया, अहिरौटी टूट पड़ी।"

महेन्दर की औरत डरी-सहमी कोने में खड़ी गाली सुनती रही। चनरमा अपने युवा यजमानों पर सिक्का ज़माने में सफल हुए। महीने भर बाद हाता पीले-नारंगी गेंदे के फूलों से सज गया। अगहन का महीना था। चनरमा सूरज निकलते ही नहला-धुला, खटिया निकाल माँ को लिपे-पुते हाते में लिटा रोटी बनाते और खिला-खाकर अहिरौटी की ओर निकल जाते। अब तक समझ चुके थे महेन्दर कौनो तीर मारे अँगुवा उन्हीं के घर पहुँचेगा भले कथा-पूजा कराने को न मिले। एक दिन मानस की चौपाई मधुर स्वर में गाते चनरमा मेंड़ के रास्ते चट्टी की ओर मंगल की हाट करने जा रहे थे कि सुदामा की माई टकरा गई। इनकी जनमकुंडली चनरमा बाँच चुके थे। देखते ही श्रद्धाभाव से बोलीं, "गोड़ धरत हईं महराज जी, सब भले बा?"

चनरमा मौक़े की तलाश में थे, "सब भले आजी। पाप नाश करता है न आजी?" कह चनरमा जवाब सुनने के लिए ठहर गए।

बूढ़ी औरत नून, तेल, हल्दी के लिए झोला तहा कपार पर रख हाट जा रही थी, "करता है पंडी जी।" तनी नाराज़ होकर बोलीं।

"हूँऽऽऽउहे न आजी! अब देखिए, हमारे आते महेन्दर चाचा जो दुवार ख़ाली कर देते तो विश्वनाथ जी का कोप न होता, आकर सेवक सज़ा दे गया।"

चनरमा बड़ी जतन से तीर निशाने पर साधने में लगे थे। बुढ़िया आदतन मुँह बाए खड़ी सुन रही थी। हुँकारी पारी, "हूँ महराज!"

"आजी! अगर एतना पर भी नहीं चेतते तो कोप आगे बढ़ घर में जाता। हमारी माँ काशी की बेटी है।"

सुदामा की माँ का चेहरा देखने लायक़ था। सैकड़ों भाव आ-जा रहे थे। हाट से सामान ले बूढ़ी औरत ने सोहर कर चनरमा के पैर छुए। चनरमा

दोनों हाथ उठाकर आशीष की वर्षा करने लगे, "अन्न, धन, पुत्रादि से घर भंडार भरा रहे।"

अगली सुबह अहिरौटी से सत्यनारायण की कथा का आमंत्रण ले विजय यादव दरवाज़े पर हाथ जोड़े आकर खड़े हुए। गाँव समाज का समय और दृष्टि दोनों बदल गए। दाल, रोटी भर सीधा पिसान अहिरौटी से मरन जीयन का आने लगा। पेट की समस्या हल हो गई। गाँव में सबसे सबल समाज इस समय अहीरों का था। हर घर में चार-छह दुधार पशु थे, दूध-दही-घी से नाँद भरा रहता। इब्राहिमपुर के आस-पास का क्षेत्र यादव बाहुल्य था, बाहुबली यादवों का पुरोहित होना मतलब घर में अन्न और दूध की आमद बने रहना था। दूध के बड़े व्यापारी यादवों का सुबह का दूध बल्टों में भर-भर दस बजते-बजते व्यापारियों तक पहुँच जाता। शाम का पीने, दही ज़माने के साथ-साथ कुछ घरों में उठवना जाता। शहरी इलाक़ा पास होने से गाँव में इन दिनों सजग परिवारों में शिक्षा की अलख जगी हुई थी। लड़के-लड़कियाँ गाँव के सरकारी स्कूल से आठवीं पास कर आगे की पढ़ाई के लिए साइकिल से शहर जाने लगे। हवा बदल रही थी लेकिन बभनौटी ठस वहीं, बाप-दादों के चरन पर मूर्खता का चारा खा रही थी।

इब्राहिमपुर में बाभनों को छोड़ सभी बिरादरियाँ समय से बातें कर रही थीं। बड़ी जातियों में लाला और ब्राह्मण तथा अहीर, राजभर, कुम्हार, तेली, बढ़ई, नाई, पासी, डोम, चमार आदि जातियों के टोले थे। पूरब में बभनौटी, पश्चिम में ललान, दक्खिन में चमरौटी और उत्तर में अहिरौटी से लगे गाँव के बाहरी छोर पर एक-एक, दो-दो घर अन्य जातियों के थे। लालाओं के अधिकतर घरों में ताले लटकते रहते थे। पढ़े-लिखे कायस्थ अपने खेत यादवों को बेच शहर में जा बसे, ललान अधिकतर सूना-सपाटा रहता। ब्राह्मणों के बाईस घर पुरखों के ज़माने से आस-पास के गाँवों में पूजा पंडिताई कर जीवन-यापन करते आए थे। सबके पास पाँच से छह

बीघे की खेती थी जिससे जुगाड़-भर जीवन सरक रहा था। सम्पन्नता उत्तर में थी। मेहनती यादवों ने टोले का नक़्शा बदल दिया था।

चनरमा एक-तिहाई जंग जीत चुके थे। आधा दुवार क़ब्ज़े में आ चुका था। पुरोहिती भी चटक गई थी। पीछे हाते में गेंदा, हरिश्रृंगार और गुलाब की ख़ुशबू से घर महमह महकता रहता। काशी के छूटने का गम जाता रहा। देखते-देखते दो साल निकल गए। करमपुर के वैद्य की जड़ी-बूटी के काढ़े का असर कि डॉक्टर की दवा का प्रभाव हो, चनरमा की माँ भगवती देवी लाठी टेक क्रियाकर्म भर चलने-फिरने लगीं।

एक दिन रविन्दर के क़ब्ज़े वाले दुवार की ओरवानी तर फरुआ से थाला बना अड़हुल की कलम रोप रहे थे कि थाले में हाथ डालते ही शीशे जैसी कोई वस्तु चुभ गई, हर-हर ख़ून बहने लगा। चनरमा की हथेली से ख़ून गिरता देख पास में अपनी गाय को लेहना डालता रविन्दर उसे छोड़कर झटपट आया। दुवार क़ब्ज़ियाने का अपराधबोध होने से अधिकतर कट कर रहता लेकिन आज मनुष्य जाग गया। रविन्दर बल्टी के पानी से हाथ धुलाने लगा, "अरे मरदे!इ त बडियार चीरा बा।"

कहते हुए फरुआ लेकर छपाक-छपाक उस जगह मिट्टी खोदने लगा। अभी तीसरी बार ही फरुआ गढ़हे में गिरा था कि अँगुली भर का चीनी मिट्टी का फूटा हुआ शिवलिंग फरुए पर प्रकट हुआ। चनरमा ने कनखियों से रविन्दर को देखा और हर-हर महादेव का जय घोष करने लगे। रविन्दर सकपका कर हाथ जोड़कर खड़ा हो गया। चनरमा उच्च स्वर में शिव स्तुति कर रहे थे—"त्रयंबकम यजामहे सुगंधिम... "

देखते-देखते टोले भर के लोगों का मजमा जुट गया। घंटे-भर शिव श्लोकों का पाठ करने के बाद एक बार पुनः हर-हर महादेव का उद्घोष चनरमा करने लगे। आवाज़ इतनी बुलन्द थी कि पूरा गाँव भक्तिमय हो गया। घर में से लोटा भर पानी लेकर चनरमा एक तरफ़ से छत शिवलिंग का अभिषेक कर, हाथ में ले पूरे दुवार पर प्रदक्षिणा करने लगे और एकाएक रविन्दर की

गाय की हौदी के पास खड़े हो ध्यानमग्न हो गए। पाँच मिनट मन-ही-मन विचार मन्थन कर आँख खोल सीधे रविन्दर पर तीर ताने, "चाचा इहें शिव जी स्थान माँगते हैं। अब मजबूरी है, इहाँ से गाय खोलिए।"

महेन्दर मुस्कियाए—"हटावा मरदे! ना कोप भयील त उजर जइबा।"

महेन्दर दाँत निपोरते हुए खैनी निकाल रगड़ने लगे। मामला आस्था का था। जमीन पुरखों से चनरमा की थी। रविन्दर समझ गए, इनकार पर चारों पुरवा विरोध में उतर आएगा। बुझे मन से गाय खोलने लगे। महेन्दर झटपट आकर हौदी लड़कों संग उखड़वाने लगे। महेन्दर की माई गाय के गोबर से लीप कर छोटा-सा मिट्टी का उढ़ा बना चिक्कन कर हाथ जोड़ चनरमा से बोलीं—"ऐ बाऊ! हस्थापना करा।"

जन सहयोग जारी था, शिव जी स्थापित हुए। अब तक कुछ अन्य टोले के लोग भी आ चुके थे। मलहोरिन मिठुआ की माई ने हाथ जोड़कर चनरमा से कहा, "फूटल मूर्ति की पूजा ख़ातिर राऊर बाऊजी बरजत रहलीं हँ।"

चनरमा ने दाँत से जीभ काटी और "हतऽऽऽ साला! चोरी धराई।" मन-ही-मन बड़बड़ाए।

मतवा यहाँ शीघ्र संगमरमर के शिवलिंग स्थापित होंगे। आरती कर गुड़ का भोग लगा, प्रसाद बाँट चनरमा ने सबसे विदा लिया। एक तिहाई दुवार ख़ाली हो चुका था, अड़हुल की कलम लग गई। आषाढ़ बीता जा रहा था, आसमान में बादलों का नामोनिशान नहीं था। किसान त्राहि-त्राहि कर रहे थे, धरती की छाती में दरारें पड़ गई थीं। सुदामा को ख़बर मिली कि महाराज के दुवार पर शंकर जी प्रगटे हैं तो भिनहिए बभनौटी का रुख़ किए। चनरमा खरहरा से दुवार झार कर कूड़ा बटोर रहे थे। "पाव लागीं महराज" कह शिव जी को मूड़ी गोत प्रणाम करने लगे।

"यजमान का कल्याण हो।" कह, चनरमा खरहरा ओरवानी तर खढ़िया कर बल्टी के पानी से हाथ धोने लगे। "सब कुशल मंगल है न यादव जी?" चनरमा की आवाज़ में संस्कृत शिक्षा की ओजस्विता थी।

"का मंगल है बाबा! बुन्नी पड़ती ही नहीं, कितना टिबुल से सिंचाई होगी, धान के पौधे पियरा रहे हैं।"

सुदामा गहरी चिन्ता में कपार पकड़ बैठे थे। कुछ सोच कर बोले, "कौनो उपाय बताइए की बरखा हो।"

चनरमा ने फूटे शिवलिंग की तरफ़ देखा तो बाँछें खिल गईं।

"बरखा होगी यादव जी, अवश्य होगी। संगमरमर के एक फुट ऊँचे शिवलिंग का पाँच दिनों तक रुद्राभिषेक करने के बाद कुएँ में लटका कर तब तक अखंड कीर्तन करना होगा जब तक शिव प्रसन्न न हों।"

"करना का होगा हमको महराज, आज्ञा करें।" कहते हुए सुदामा हाथ जोड़ खड़े हो गए।

"ज़्यादा नहीं, काशी से शिवलिंग मँगवा दें, बाक़ी यहीं गाँव से व्यवस्था हो जाएगी।" चनरमा ने मुस्की तानते हुए कहा।

सुदामा यादव ने छोटे भाई लल्लन को अहिरौटी से ग्यारह रुपये का घर पीछे चन्दा काटने का ज़िम्मा दिया। लल्लन की टोली महालंठ, टोले के बीस घर से चन्दा काटने के बाद लड़के चारों टोले पर टूट पड़े। चनरमा के दुवार पर लड़के रुपये की गठरी ले पहुँचे। रेजगारी से गठरी खनक रही थी।

"चनरमा बाबा! कहाँ बाडीं जी," लल्लन ने आवाज़ दी। चनरमा नहा रहे थे। भगवती देवी दरवाज़े पर खड़ी हो पूछने लगीं, "का हुआ बच्चा?"

लड़के समवेत स्वर में बोले, "पाय लागीं आजी। आ...इ...हे...चन्दा बटुराईल बा, शिव जी अईहेन।"

बूढ़ी औरत ख़ुश हो गई। अन्दर आकर बेटे को ख़बर की। चनरमा का मन हरियरा गया। झटपट बाहर आए, "अरे! यजमानों का प्रात: आगमन।"

सब एक साथ पैर पर झुके, "पाय लागीं बाबा।"

"कल्याणमस्तु! कल्याणमस्तु!

दोनों हाथों से आशीष दे चनरमा खटिया बिछा बैठ गए। लड़कों ने पोटली फैला दी, रुपया गिनाने लगा। कुल दस हज़ार छत्तीस रुपये एकत्रित

हुआ था। पिंटू और चनरमा भिनसहरे काशी रवाना हुए। चनरमा ममहर नहीं गए। आधी रात को दोनों कपार पर शिवलिंग और नन्दी लेकर पहुँचे। अभी पाँच सौ रुपये बचे थे। चनरमा की माँ दीया जला दुवार पर टुकुर-टुकुर बेटे की राह निहार रही थीं। आते देख लाठी टेकती दरवाज़े पर आ खड़ी हुईं। देखते लल्लन ने मुस्कराकर कहा, "अईसन शिवजी चार गाँव में नईखं ऐ आजी!"

बूढ़ी औरत ख़ुश हो गई। उस रात लल्लन वहीं रुक गया। अगली सुबह मलहोरिन मिठुवा की माई बुलाई गई। भांग, धतूर, बेलपत्र, फूल आदि लाने का आदेश हुआ। सुदामा मुख्य यजमान बने। अहिरौटी टूट पड़ी। दूध बल्टा का बल्टा सज गया। रुद्राभिषेक आरम्भ हुआ। मानसून लेट होने से बरखा लेट हुई और इस बरखा की देरी ने चनरमा के लाटरी लगा दी। इब्राहिमपुर में एक साल में भव्य शिवाला चनरमा के दुवार पर बन गया। उसी साल ब्याह हुआ और घर-गृहस्थी की गाड़ी पटरी पर चल पड़ी।

तीन बेटियों के पिता चनरमा इब्राहिमपुर की चारों पट्टी के मुख्य पुरोहित थे। फूलों की खेती से अच्छा पैसा कमा लेते थे और यजमानी से ठाट का जीवन बिताने लगे थे। चनरमा की बड़ी बेटी पिंकी की दिमाग़ी हालत इन दिनों बिगड़ी तो छोटी स्वीटी ने मोनिका मैडम और आरती मैडम से एक दिन सब कह सुनाया। मोनिका ने छुट्टी में घर आने का आश्वासन दिया और लड़कियों को भरोसा दिलाया कि उनकी बहन जल्दी ठीक हो जाएगी।

खोले ना पिरितिया के गाँठ

इस बरस सरसों कुछ ज़्यादा ही पियरा के लदर गई थी। आम के मउरते लोकनी कूटी पर की भभूती भर बगईचा छींटती मन्तर बुदबुदाती कि कोई टोना न कर सके उसके बाग-बगइचे को। लड़के भी कम न थे। पिंटू भरसांय से करिखा ले दूसरे दिन कुल पेड़ पर आर-पार का तीरा मार अपने खेत के मचाना पर मंडली ले जम गया। दिन चढ़ते लोकनी आजी बगइचा अगोरने पहुँची ही थीं कि पहिले पेड़ पर हाथ भर के काटे का निशाना देख कपार पीटने लगीं। मारे सदमे के वहीं माटी के ऊँचे ढूहे पर पसर गईं, जानती थीं कि ये काम पिन्टुवा का ही है। हाथ लहरा-लहरा सरापना शुरू कीं, "अरे सूर्तवालाऽऽऽ जोलहा क ऽऽऽ जनमल, हगलखउका, मुँहझउसाऽऽऽ मटीलगना...कूकुरा रेऽऽऽ, अरे गईल मोर एहू बरिस क जिनिसिया (फ़सल)। अरे तोरे किरा पड़ोंऽऽऽ कोढ़ फूटोऽऽऽ तोर माथ गिरोऽऽऽ।"

लोकनी का जानलेवा मौखिक विरोध जारी था और इधर अपने मचान पर पिन्टुवा पंचम सुर में दोस्तों संग फगुवा गा-गा रिगाने में मगन था—

फागुन में ऽऽऽ
फागुन में बुढ़वा देवर लागे...फागुन मेंऽऽऽ

इधर लोकनी की गालियों का हथगोला तो उधर से पिन्टुवा के फगुवा की मिसाइलें, ढेला थपरी बजा-बजा गाता तो मेटी बीच-बीच में मुँह से ज़ोरदार सीटी मारता। जब लोकनी गरिया कर थक गई तो पास से ढेला बीन-बीन निशाना साध-साध मारने लगी। निशाने की पक्की थी, वर्षों से बगइचे की रखवाली ढेले और दो हाथ के सिटकुन के दम पर करती चली आई थी। पहला ही ढेला, ढेला के कपार पर जाकर टन से लगा और रक्त की पतली धार बह निकली। लोकनी का करेजा जुड़ा गया। इधर सकपकाया पिन्टुवा ढेला का माथा हाथ से जाँते टोले में घुसा। देखते ही औरतें भनभनाने लगीं। ख़बर ढेला की माँ के पास पहुँची। वह बर्तन माँजना छोड़कर भागी। एक शिक्षित नवयुवक डिटाल ले घाव साफ़ कर पुरानी धोती के टुकड़े से सिर बाँध नसीहत दे ही रहा था कि कुसुमा फुआ हरदी-चूना गरम कर ले आईं और पट्टी खोल छोपने लगीं। घाव खुला था नवयुवक बिगड़ गया, "खुले घाव पर इ सब छोप-छाप कर टिटनेस कराएँगी का, ना जाने कैसा चुन्ना है।"

कुसुमा फुआ, टोले की घोषित वैद्य, ने हाथ हवा में लहरा कर कहा, "ए बाबू! चार ठो करिया अच्छर पढ़ी के हमको ज़्यादा छिछ्छा मत दो। जवानी बिता दी इहे कुल करते और आप चार दिन के लवंडा चले हैं पहाड़ा पढ़ाने।"

हाथ से जाने का इशारा करते हुए—"जाओ..., जाओ...अपना काम देखो।"

पिन्टुवा मन-ही-मन दोनों के वाक्‌युद्ध पर ख़ुश हो रहा था कि कोई अभी तक ये नहीं पूछ रहा कि कैसे कपार फूटा। वह धीरे से सरकने की सोच ही रहा था कि ढेला की आजी उसे दुलारते हुए पूछ बैठीं। तीनों लड़कों की सिट्टी-पिट्टी गुम। अभी पिन्टुवा कुछ जोड़ गणित लगाता की मेटी ने उगल दिया—"लोकनी।"

अभी वह लोकनी से आगे बढ़ा भी नहीं था कि आजी सरपट ढहती-ढिमलाती बाग़ की ओर गरियाते चल पड़ीं। साथ में टोले की कुछ

बड़ी औरतें भी हो लीं। आमने-सामने होते ही दोनों बुढ़िया एक-दूसरे के नइहर-सासुर से लेकर पूत-भतार तक पर पिल पड़ीं। लोकनी से ढेला की आजी का जनम का डाह। बड़ी मुश्किल से औरतें छुड़ाकर दोनों को अलग कर ढेला की आजी को घर लाईं। शाम को पिता के आने पर सब वृतान्त सुधा ने कान में कह सुनाया। पहले तो ढेला मेटी की जम के बाँस की कइन से धुनाई हुई, बाद में ब्लाक पर जाकर मरहम पट्टी। सुधा की माँ को इस बात पर ख़ासी नाराज़गी रहती कि आए दिन सुधा की शिकायत पर दोनों बड़े भाइयों की पिटाई होती है। मौक़ा मिलते वह सुधा से ऐसा बदला लेती जैसे सौतन की जनी हो। माँ उस रोज़ दाँत पीसकर रह गई।

इन तीनों भाई-बहन की कथा भी कम दिलचस्प नहीं है। ब्याह के पूरे पाँच बरिस बीत गए थे पर सुदामा के घर एक कुतिया से लेकर गाय तक गाभिन नहीं हुई। औरत की भी कृषि सुखानी थी, विधवा माँ डीह-ब्रह्म से लेकर पीर मज़ार तक भटकती फिरती और थक-हार कर पतोहू को कुलबोरनी घोषित कर राग कढ़ा कर रोती। औरत सुन्दर थी और कुछ पढ़ी-लिखी भी। सुदामा को पत्नी से प्रेम था। माँ दूसरे ब्याह का दबाव बनाती तो डॉक्टर, वैद्य का भरोसा दिला, काम पर निकल जाते। एक दिन कुसुमा फुआ से रहा न गया। इनार के जगत पर औरतों का समूह कपड़ा धो रहा था। कुछ पास के सरकारी हैंडपम्प के चबूतरे को घेरे बैठी थीं। टोले में जेठ के दिनों में पानी की ख़ासी किल्लत रहती। घरों के हैंडपम्प पानी छोड़ देते तो पूरे टोले का यही सहारा रहता। ख़ैर, औरतें कपड़े धो रही थीं, कुछ अपनी बारी की प्रतीक्षा करती गप-सड़ाके में मगन। ढेला की आजी की साड़ी हाथ से छीन मीना ने फींचते हुए पूछ दिया, "का हो चाची! पतोहिया कब तक तकाएगी?"

बूढ़ी आँचल से आँसू पोंछते हुए, छाती धुनने लगीं, औरतों ने काम छोड़ बुढ़िया को सँभाला। मीना ने तय किया कि उनकी पतोहू को ख़ुद

डागडरी लेकर जाएगी, अगले ही दिन दोनों शहर के अस्पताल पहुँचीं। डॉक्टर ने दुनिया भर की जाँच करा, कुछ मासिक-चक्र सही करने की दवा दे विदा किया। कमाल हो गया, दो माह भी नहीं बीते कि पतोहू उल्टी-पल्टी करने लगीं। बुढ़िया अँचरा भर आशीष बाल विधवा मीना को देती रही और वह ढेरों ख़ुशियों की सौगात अपनी पनीली आँखों में समेटती हूकती रही।

इधर गाँव में ख़बर फैली तो बात चनरमा पंडित के घर तक पहुँची। लोटन के अक्षत भभूती और काशी के पंडों की पूजा-अर्चना के बीच कुसुमा की ख़बर पा बड़की पंडिताइन भगवती देवी भोर होते ही कुसुमा के घर पहुँचीं। वह मानस बाँच रही थीं। भोर से उनकी पूजा दिन चढ़ने तक होती। प्रणाम कर चौकी पर बैठने का इशारा कर पूजा करती रहीं। पंडिताइन बड़ी उम्मीद लिए आई थीं। उनकी बहू को गर्भ तो रहता पर माह-दो माह चढ़ते गिर जाता। बहुत दिखाया-सुनाया पर वही ढाक के तीन पात। टुकुर-टुकुर ताकती बेचैन औरत बार-बार आँचल का कोर उँगलियों में फँसाकर तोड़ती-मरोड़ती, सोचती कि शायद कोई चमत्कार हो जाए उसके घर भी। कुसुमा ने पूजा कर पंडिताइन के पैर छू अपनी बड़ी-बड़ी गोल आँखें नचाकर पूछा, "आज पराते इहाँ कइसे आजी?"

"आ का कहें धिया! अपनी चनरमा बो का गरभ रुकता ही नहीं, ना जाने कौन देवता पित्तर का कोप है जो ठहरते ही गिर जाता है।"

ये कहते-कहते पंडिताइन भरभरा कर रो पड़ीं। हाथ जोड़कर आँचल में आँसू पोंछते हुए बोलीं, "बेटी, अब तुम्हारा ही आसरा है।"

कुसुमा ने झट नई साड़ी पहन बाल झाड़ दरवाज़े पर ताला लगा पंडिताइन का हाथ पकड़ पूरब के पुरवा का रुख़ किया। पिछले दरवाज़े से आँगन में दोनों औरतें पहुँचीं, पतोहू ओय-ओय करके उल्टी कर रही थी। दस दिन हुए थे दिन चढ़े। कुसुमा ने पानी दे मुँह धुलाया। चाँपाकल के नीचे मीठुआ बो बर्तन धो रही थी। कुसुमा को देखते बिदक गई। दोनों

में साँप-नेवले की यारी थी। कुसुमा आज गर्व से माती लहरा रही थीं। बहू को पकड़कर कोठरी में ले गईं। झटपट तैयार कर पंडिताइन से कहा, "तनी बबुआ से कहिए गाड़ी निकालें डागडरी के लिए।"

औरतें चल पड़ीं। बड़ी बेटी पिंकी के बाद से गर्भ लगातार गिर रहा था और बहू का शारीरिक, मानसिक स्वास्थ्य बिगड़ता जा रहा था। चनरमा का ब्याह दस साल छोटी लड़की से हुआ था, वह पचीस के, लड़की पन्द्रह की, शरीर से कमज़ोर बिन बाप की बेटी का चाचाओं ने ब्याह कर मुक्ति पाई थी। बड़ी बेटी के जन्म के बाद उचित देखभाल न होने से साले-साल गर्भ ठहरता और आन्तरिक कमज़ोरी से गिर जाता। शादी के देखते-देखते पाँच साल निकल गए और शरीर गल के आधा रह गया। अबकी जो गर्भ रहा तो सास को कुसुमा की ख़बर लगी। गाड़ी महिला अस्पताल के सामने आकर रुकी। पर्चा कटाकर चम्पा दाई से जुगत भिड़ा बिना नम्बर के डॉक्टर के केबिन में घुस गईं। दाई ने दाँत निपोर कर डॉक्टर से कहा, "हमारे नइहर की हैं।"

ख़ैर! डॉक्टर ने जाँच-पड़ताल शुरू की, दिन-भर तरह-तरह की जाँच चलती रही। डॉक्टर ने कम्पलीट बेड रेस्ट की हिदायत और दवाएँ दे सख़्ती से कहा कि केवल टट्टी-पेशाब के लिए बिस्तर से उठे वरना वह कुछ नहीं कर पाएगी। बच्चेदानी बिलकुल नीचे है।

अहीराने और बभनाने में उम्मीदें चरम पर हिलोरे लेने लगीं, कुसुमा फुआ का वैद्य भाव भी चढ़ गया।

नौ माह बाद महज़ दो दिन के अन्तराल पर सुदामा यादव और चनरमा पंडीजी के घर किलकारियाँ गूँजीं। कुसुमा फुआ ख़ुशी से लहालोट, दोनों घरों में छप्पर फाड़ ख़ुशी बरसी थी। सुदामा को बेटा और चनरमा के घर बेटी हुई। नामकरण का अधिकार भी कुसुमा फुआ को मिला। कुसुमा फुआ इस गाँव की जगत फुआ थीं। सबके बच्चों के नाम यही रखतीं। कुसुमा ने गहरी साँस लेकर कहा, "एतना दिन पर किरपा बरसी है घरों में आजी, नाम

कुमेल रखना पड़ेगा, सो सुदामा के पुत्र हरमुनिया उर्फ़ पिंटू और चनरमा की बेटी डिम्पल उर्फ़ घुरनी हुई।"

दोनों की वंश बेलि बढ़ने लगी। सुदामा के घर हरमुनिया के बाद मेटी आए, फिर सुधा। इधर एक के बाद एक तीन बेटियों का चनरमा के घर ताँता लगा तो माँ की चुप्पे नसबन्दी करा बैठ गए। जानते थे कि माँ पत्नी की नसबन्दी कभी कराने नहीं देगी। इस तरह चनरमा की तीन पुत्रियाँ, पिंकी, डिम्पल और स्वीटी दुनिया में आईं तो पर अनचाही कन्या सन्तानों की ब्राह्मण घर में कोई पूछ न थी। हाँ, पहरेदारी सख़्त थी, लड़कियों पर आजी का सख़्त पहरा रहता।

ओसारी में मीठुआ बो दोनों हाथों से एक लय में मूसल चलाती गा रही थी—

फुलगेनवा न मारो हे राजा जी...
जो मुरझइहें त मन भर जइहें
हमको न भरमाओ हे राजा जी...
फुलगेनवा न मारो हे राजा जी।

भगवती देवी हाथ चमका कर पतोहू से कह रही थीं, "हूँऽऽऽ पराते से रगना चालू हो जाता है, इसका बार उजरा गया पर कपार से सुघराई का भूत नहीं उतरा। छिनरझप्प तो कोई इससे सीखे। बहत्तर घर नास कर हमारे ही कलेजे पर मूँग दर रही है, कुत्तीऽऽऽ।"

भगवती देवी मीठुआ बो से मन भर घृणा करती थीं। पिंकी की माँ सब्ज़ी काट रही थी। सास का रोज़ का राग मीठुआ बो, अलाप मीठुआ बो, उससे सहा न जाता। सास मीठुआ बो को पानी पी-पी कोसती और वह पीछा छुड़ा भागती। आज कह ही दिया, "काहे उसके पीछे लगी रहती हैं अम्मा जी! वो कुछौ करे, हमसे का? मरद हरामी नहीं है जो अपना घर छोड़ दस घर झाँकता है।"

हाय, इतना सुनते सास पर जैसे भूत चढ़ गया हो, लगी कपार पीटने, “हमारे बेटे की आधी रक़म पर बैठ गई और तुम कहती हो लिया क्या? कैसे सहती हो रानी इस नीच को।”

“अपने से तो आई नहीं, लाकर बिठाया तो आपके बेटे ने ही है। उनका दोष-पाप नहीं है का? कुल दोष इसी का है। बताइए। बताइए, हम पूछते हैं? आप भी तो तब परदा डाल रही थीं जब सब नया-नया था अम्मा जी! तब काहे चुप रहीं? हम सुलगते रहे तो सब चुप थे तो सुन लीजिए, अब हमको भी कोई फ़रक़ नहीं पड़ता कि आपके बेटा कहाँ मुँह मार रहे हैं। बस इ घर हमारा है अउर इहाँ हम किसी का पैसार नहीं होने देंगे। ले के रहें शिवाला में, कम-से-कम देवता-पित्तर तो देखेंगे कि का हो रहा है।”

भगवती देवी दाँत पीसते हुए बोलीं, “एतना तरफ़दारी काहे होता है, हम कुल समझते हैं, नइहर की जो ठहरी तुम्हारे, तुम पर वह परदा डाले तुम उस पर।”

दोनों में वाद-विवाद बढ़ता उससे पहले ही बच्चे बस्ता लेकर खड़े हो गए। स्कूल सुबह का चल रहा था, सात बजने को थे। बहू भनभनाते उठी, “आपका मीठुआ बो डाह एक दिन माथ गिराएगा अम्मा जी, उपास तो आए दिन कराता है।” बच्चों के हाथ पर बाजड़े का ढूँढ़ी (लड्डू) रख स्कूल भेज, सब्ज़ी छौंकने लगी। साथ-साथ भनभनाहट भी जारी थी। रोज़ भिनइहे के पचरे में लड़कियाँ उपासे स्कूल जाती हैं। बड़ी पिंकी दसवीं में है और साइकिल से स्कूल जाने लगी है। माँ, आजी की लड़ाई का सार भी समझने लगी है।

मीठुआ बो और भगवती देवी का डाह इतना था कि मौक़ा मिले तो दोनों एक-दूसरे को कच्चा खा जाएँ पर बस दोनों का नहीं चलता था। मीठुआ बो के दो बेटे पिंकी और स्वीटी के साथ के थे और साथ ही पढ़ते थे। दुनिया उन्हें पीठ पीछे चनरमा पंडित का जाया जामा कहती और पिंकी माँ से सौ सवाल करती। धीरे-धीरे पिता से उसे घृणा होने लगी। चनरमा लड़कों के

हाथ पर रुपया रखते पर बेटियों से ग़लती से नहीं पूछते कि उनकी ज़रूरतें क्या हैं। बच्चे यह सब देखते-सुनते बढ़ रहे थे।

गाँव इब्राहिमपुर की आबोहवा ही ऐसी है कि लोग ठहरते नहीं, देखते, सुनते, बोलते, बतियाते और आगे बढ़ जाते। बढ़ रहे थे सभी अपने-अपने रंग और ढंग में। लड़का मेंढ़ के रास्ते सरपट भागता हुआ आ रहा था, "हे सुधा! इ लो।"

लड़का हाँफते हुए मुस्करा रहा था। लड़की सकुचाई उसे एकटक निहारे जा रही थी। लड़के ने मुट्ठी खोल दी। लाल, नीली, पीली लेमनचूस की गोलियाँ पसीज रहीं थीं। झट से लड़की का हाथ पकड़ हथेलिओं पर लेमनचूस की गोलियाँ रख लड़का हेऽऽऽ हुर्रऽऽऽ चिल्लाता भाग गया।

लड़की ने घर पहुँचकर माँ के सामने हथेलियाँ फैला दीं।

"आयँ...इ का है रे?" माँ ने दहाड़ते हुए पूछा ।

लड़की सहम गई। डरते हुए बोली, "लेमनचूस।"

"उ त हमहूँ देख रहे हैं, आया कहाँ से?" माँ का पारा सातवें आसमान पर था।

"उ सुरेश भइया दिए हैं।" कहते-कहते लड़की रुआँसी हो गई।

सुनते ही माँ पर जैसे काली माई चढ़ गईं। वह पगला गई, चूल्हे के पास रखी मोटी हरट्ठे की लकड़ी उठा मन भर पीटने के बाद आँचल से मुँह ढक कर रोने लगी। वह ऐसे छाती कूट रही थी जैसे बारह साल की लड़की कोई अनर्थ कर आई हो, "हे धरती माईऽऽऽ...अरे ऽऽऽउठा ले जा हो धरती माई!...अरे हे दुवारे क ब्रह्म!...ले जा...ले जा ए गू खउकी के,...कुल नसनी धिया जनमली मोरी कोखी रे माईऽऽऽ...कुल डहनी धिया जनमली रे माईऽऽऽ...।"

वह छाती धुनते हुए रसोई की चौखट पर बैठ कर विलाप कर रही थी। उसका विलाप पूरे घर में ऐसे गूँज रहा था जैसे किसी की भरी जवानी में मौत हो गई हो। सुधा चुप लगाए मार खाकर आजी की रज़ाई में दुबकी थी।

आजी उसकी चट-चट करती हथेलियों को छूकर बोली, "केतना बढ़िया गमक रहा है। तुम्हारी माई को तो तुम्हारा सुख सुहाता ही नहीं।"

सुधा रात-भर सोचती रही कि आख़िर माँ ने ख़ाली लेमनचूस लेने पर इतना क्यों मारा? खट्टी-मीठी गोलियाँ एकदम से कसैली हो गईं उस दिन से। लड़की कई दिनों तक स्कूल नहीं गई। सुरेश बहाना खोज-खोज दुवार पर आता। ढेला का पक्का साथी था। लड़की खिड़कियों से झाँकती और मारे भय के काँप जातीं, एक जोड़ी भूत-सी आँखें भयभीत कर रही थीं पर मन बार-बार दुवार पर झाँक जाता।

इधर अहीराने में मोहन यादव की बड़ी बेटी को ससुराल वालों ने जलाकर मार डाला। दूध-सी झक उजली लड़की का दोष बस इतना था कि बार-बार बेटी जनम रही थी, माँ को भी तीन बेटियाँ ही थीं। सास रात-दिन एक ही ताना मारती, महतारी क लच्छन है। वह सुनती और मौन धरे काम में लगी रहती। आदमी बनारस पढ़ रहा था, भाइयों में सबसे बड़ा। उसके साथ के ब्याह वाले लड़कों को मिलिट्री या महानगरों में फ़ैक्ट्री आदि में नौकरी मिल चुकी थी, सब एक-दो बेटों के बाप थे। सास ने एक दिन दो बेटियों वाली बहू को रसोई बनाते मिट्टी का तेल डाल फूँक दिया। इससे पहले कि मायके के लोग पहुँचते, थाना-पुलिस को पैसा दे दाह-संस्कार कर घर लीप-पोत कर छुट्टी पाई। मोहन बो ख़ूब रोईं-चिल्लाईं। मर्द चारपाई पकड़े थे, जितना दौड़-धूप सकती थी, दौड़ी। साक्षों के अभाव में ससुराल वालों का बाल बाँका न हुआ और मोहन बो का मन आक्रोश से भर गया। सबसे ज़्यादा आक्रोशित वे पति की पहली शादी की सन्तानों से हुईं। पानी पी-पी कोसती और कुछ न मिलता तो अपने पशुओं को ही उनके चढ़े खेत में छोड़ देतीं। रोकने पर इतना गरियातीं कि सामने वाला यही कहकर भागता कि नंगे के मुँह कौन लगे।

मोहन सुदामा के बड़े भाई थे। सुधा अभी ले-दे के बारह बरस की हुई थी, पाँचवीं में पढ़ रही थी। पिंटू जूनियर प्राइमरी में। स्कूल अगल-

बग़ल होने से रोज़ लड़के-लड़कियों की देखा-देखी होती। लड़का देखकर मुस्कराता, वह लजाकर सिर झुका लेती। हरमुनिया उर्फ़ पिंटू राह चलते पिंकी को देखकर ज़रूर गाते—तुमको देखा तो ये जाना सनम। पिछले दो साल से उनका राग सनम चल रहा था पर लड़की उनके शीशे में उतर नहीं रही थी। एक दिन छोटी बहन सुधा को दस की नोट का रिश्वत दे प्रेम-पत्र भेजा। सुधा ने मौक़ा देखकर पिंकी को लेटर थमा दिया। पिंकी ने रात में कमरा बन्द कर पहला प्रेम-पत्र खोला और पढ़ने लगी। शरीर रोमांच से भर गया, मन में गुदगुदी मची। पिंटू गाँव का सबसे तेज़ लड़का, सुरीला कंठ, लम्बी कद-काठी वाला गबरू जवान। शिवाले में आए दिन कीर्तन होता और पिंटू ख़ूब मन से गाता। यह बात अलग थी कि वह शिवजी से ज़्यादा पिंकी को अपने गीत सुनाता था।

दोनों एक-एक कक्षा की सीढ़ियाँ चढ़ते स्कूल से कॉलेज में आ गए।

प्रेम के झूले पर दोनों दुनिया की नज़रें बचा झूल रहे थे कि अचानक पिंकी के जीवन में भूचाल आया। एक दिन माँ के हाथ पिंटू की चिट्ठी लग गई और मामला पिता तक पहुँचा। पिंकी ने बारहवीं की इस साल परीक्षा दी थी और शहर में पढ़ने का ख़्वाब देख रही थी कि घर में उसकी शादी का फ़रमान जारी हुआ। वह आपा खो बैठी और ऊल-जुलूल हरकतें करने लगी। माँ उसे शहीद बाबा की मज़ार पर ले जा झाड़-फूँक कराती। लोटन को दिखाया गया पर लड़की के सिर पर भूत जबर बैठ गया था। उतरता ही नहीं था, आए दिन घर में तमाशा होता और दोनों छोटी लड़कियाँ सहम जातीं।

ढाई आखर प्रेम के

"कहने को विद्या की देवी स्त्री हैं, लेकिन सबसे ज़्यादा विद्या से वंचित स्त्रियाँ हैं। स्त्री शक्ति-स्वरूपा है और वह आज भी घरों में रोज़ मर्दों के सौ अत्याचार सहती है। औरतें वह सारे काम कर सकती हैं जो पुरुष करते हैं, बशर्ते करना चाहें। जब तक औरतें पढ़ेंगी-लिखेंगी नहीं, अपने पैरों पर खड़ी हो आत्मनिर्भर नहीं बनेंगी तब तक उन्हें पितृसत्ता की ग़ुलामी से मुक्ति नहीं मिलेगी।"

मोनिका पाँचवीं की लड़कियों को 'मीना मंच' के अन्तर्गत बालिका अधिकारों के बारे में बता रही थी। अचानक बीच में स्वीटी ने सवाल पूछा, "लड़कियाँ प्रेम क्यों करती हैं मैडम जी।"

आरती मैडम को यह सुनकर ग़ुस्सा आया, "अभी पाँख नहीं जमा और प्रेम पर शोध शुरू हो गया। अरे ये प्रेम ही तो औरतों के पैर की सबसे बड़ी बेड़ी है मूर्खों।"

स्वीटी उदास हो मुँह गिरा कर बैठ गई। मोनिका सजग और सतर्क शिक्षिका थी। बच्चों की जिज्ञासा को तर्कों के साथ शान्त करती और उन्हें परत-दर-परत समस्या की जड़ में ले जाकर समाधान खोजने को कहती। वह आरती के सहज व्यवहार पर हँस पड़ी, "बच्चो! प्रेम संसार का सबसे

सुन्दर शब्द है। प्रेम किसी से भी हो सकता है। अब देखो, मीना अपने तोते मिट्ठू से प्रेम करती है, आरती मैडम पिहू से प्रेम करती हैं और मैं तुम सब से प्रेम करती हूँ। लेकिन स्वीटी जिस प्रेम के बारे में पूछ रही है वहाँ सबसे ज़्यादा ठगी लड़कियाँ जातीं हैं, सबसे ज़्यादा मारी लड़कियाँ जातीं हैं। तुम लोग अभी इन बातों को उतना नहीं समझ सकते जितना हम बड़े समझते हैं पर इतना जान लो कि हमारी इस दुनिया में औरत का प्रेम पाप और मर्द का पुण्य है। लड़कियों को जिस उम्र में पूरा फोकस पढ़ाई पर देकर कैरियर बनाने में लगाना चाहिए उस उम्र में प्रेम के जाल में फँसकर अपना सारा जीवन उलझा देती हैं और सारा जीवन बेगार ग़ुलामी में खटती हैं।"

"बेगार ग़ुलामी क्या होता है मैडम जी?" मुन्नी ने पूछा।

"बेगार ग़ुलामी का मतलब है कि हम रात-दिन काम करें और उसका मूल्य या पैसा हमें न मिले। औरतें घरों में दो जून की रोटी, कुछ कपड़े और गहने के नाम पर सारा दिन बेगार ही तो खटती हैं।" मोनिका ने कहा तो हेडमास्टर ने तुनक कर टोका, "आप तो लड़कियों को क्रान्तिकारी बनाकर छोड़ेंगी मोनिका जी। चलिए आज के लिए इतना बहुत है। सारे बच्चे अपनी-अपनी क्लास में जाएँ।"

हेडमास्टर ने बच्चों को कक्षाओं में भेजकर शिक्षकों को क्लास में जाने को कहा और मिड डे मील की तैयारी देखने चले गए। स्वीटी छुट्टी में आज फिर मोनिका के पास आई। मोनिका पेड़ के नीचे चबूतरे पर अकेली ही बैठी थी। स्वीटी को देखते ही मोनिका ने कहा कि आज छुट्टी के बाद उसके साथ उसके घर चलेंगी। स्वीटी ख़ुश हो गई। छुट्टी के बाद मोनिका स्वीटी के घर गई और उसकी माँ से इजाज़त ले पिंकी को लेकर उसके कमरे में बात करने के लिए चली गई। लड़की का चेहरा पीला पड़ गया था, न ढंग से खाती थी न पीती थी, बस रोती रहती थी। मोनिका ने सिर पर हाथ फेरते हुए कहा, "जानती हो पिंकी! मेरा पति मुझसे इतना बुरा बर्ताव

करता था कि मैंने एक दिन घर छोड़ दिया और तुम्हारे गाँव इब्राहिमपुर में रहने चली आई।"

पिंकी को मोनिका की बात में कोई रुचि नहीं थी पर औपचारिकतावश पूछा, "क्यों, वह ऐसा करते थे मैम? आप पढ़ी-लिखी हैं, सुन्दर हैं, कमाती हैं, फिर भी?"

"यही तो दुख है पिंकी कि हम औरतों की ज़िन्दगी किसी हाल में इन मर्दों की दुनिया में ख़ुशहाल नहीं है। घर में है तो पाँव की जूती, अन्दर-बाहर दोनों सहेजती हो तो सौ पहरे। हम औरतों की दुनिया इन मर्दों के प्रेम में ही छली जाती आई है और हम सदियों से इनकी ग़ुलामी की मार झेलते आज भी अपने बारे में नहीं सोचते। अब देखो न, तुम जिससे प्रेम करती हो, क्या वह इस लायक़ है कि तुम्हारा ख़र्च उठा सकता है या तुम इस लायक़ हो कि दुनिया से बगावत करके जीवन जी सकती हो?"

पिंकी एकटक मोनिका का मुँह ताकती रही और आँखें झरझर बरस उठीं।

"देखो पिंकी! प्रेम तब तक ही प्रेम रहता है जब तक हम शादी नहीं करते। शादी ज़िम्मेदारियों का नाम होता है, जहाँ दो लोग एक-दूसरे की अच्छाई-बुराई के साथ उसकी सारी ज़िम्मेदारियों को स्वीकारते हैं। इसके लिए मन और मस्तिष्क से दोनों का मज़बूत और आर्थिक तौर पर आत्मनिर्भर होना बेहद ज़रूरी है। वरना रिश्ते बनते तो हैं पर टूटते भी उतनी ही जल्दी हैं। अब मुझे ही देखो! मेरा पति ख़ुद तो कुछ करता नहीं था पर मेरी कमाई पर अधिकार ऐसे जताता था जैसे उसकी हो। आख़िर एक दिन सब ख़त्म हो गया। तुम अभी बहुत छोटी हो, ख़ूब पढ़ो-लिखो। अपने पैरों पर खड़ी होओ और अपने वजूद के साथ जिन्दा रहना सीखो।" मोनिका ने कहा।

पिंकी कुछ समझी, कुछ समझने की कोशिश में मोनिका का मुँह टुकुर-टुकुर ताकने लगी। वह बेहद प्यारी मासूम-सी लड़की थी। मोनिका के मन में उसे देखकर इतना प्रेम उमड़ा कि उसे गले लगा दुलारने लगी,

"देखो बाबू! तुम्हारी छोटी बहनें, माँ सब कितनी परेशान हैं। बहनें मुझसे कहती हैं, लोग ऊटपटाँग बातें करते हैं और तुम परेशान रहती हो। इस अवसाद से बाहर निकलो और अच्छी किताबें पढ़ो, टी.वी. देखो, सहेलियों से मिलो और हाँ डॉक्टर की ज़रूरत पड़े तो उससे भी ज़रूर मिलो। जब हम मानसिक रूप से ज़्यादा परेशान रहने लगें तो डॉक्टर से मिलकर दवा लेनी चाहिए। बुरे ख़यालों से दवाएँ हमें बाहर निकालती हैं।"

"मैम! क्या अपनी परेशानी मैं डॉक्टर को बता सकती हूँ? माँ कहती है, मुझे भूत ने पकड़ लिया है और वही मुझे परेशान करता है।"

पिंकी ने रुआँसी होकर कहा तो मोनिका हँस पड़ी, "हाँ, तुम्हें प्रेम के भूत ने पकड़ा है और मैं उससे मुक्ति दिलवाऊँगी। तुम कल सुबह दस बजे तैयार रहना, मैं तुम्हें डॉक्टर के पास ले चलूँगी। अगली सुबह मोनिका पिंकी को डॉक्टर के पास लेकर गई। दवाओं के असर और मोनिका की संगत ने पिंकी को तमाम परेशानियों से बाहर निकाला तो उसने पिता से आगे पढ़ने की ज़िद की और शादी करने से मना कर दिया। पिता बेटी को सामान्य देख ख़ुश हुए और मोनिका मैडम से मिलकर आभार व्यक्त किया।

मोनिका लड़कियों की प्यारी मोनिका मैम बन चुकी थी। उसका घर लड़कियों के कलरव से गूँजता रहता। उसका बस एक ही सपना था कि लड़कियाँ पढ़ें और अपने पैरों पर खड़ी हों। अपने सपनों को साकार कर ऊँची उड़ान की ओर अग्रसर लड़कियों का गाँव इब्राहिमपुर इन दिनों उत्सवी उल्लास से सराबोर था।

दशहरे का मेला सामने था और उस्मान मास्टर का रंगमंडल रामलीला और नौटंकी की तैयारी में लगा था। फेकू की किताबों की दुकान चल निकली थी और वे दसवीं पास कर इंटर की परीक्षा की तैयारी में जुट गए थे।

फेकू की औरत को इस साल प्राइमरी में नौकरी मिल गई और थक-हार कर वह घर लौट आई। फेकू की माँ पतोहू पर ख़ूब ख़फ़ा हुईं और घर

में घुसने से रोक दिया। उन्हें बेटे की तकलीफ़ें रह-रह कर याद आतीं तो लगता बहू को मार देंगी पर फेकू ने रोक दिया, "जाने दो माई! सुबह का भटका शाम को लौट आए तो उसे भटका नहीं कहते। आख़िर मेरे बच्चों की माँ है और मैंने इससे बहुत प्रेम किया है, यह कैसे भूलूँ?"

"भले कहीं मुँह मार कर आए! तुम अपना लोगे?"

फेकू की माँ ने कमर पर हाथ रखकर कहा तो फेकू नम पड़ गए और बोले, "देखो माई! जो हुआ सो हुआ। मेरी घरनी है, इ जो कि सो, हम नहीं छोड़ेंगे। अउर कुछ कमी तो हममें भी थी ही माई, इ काहे नहीं समझती हो।"

फेकू पत्नी का हाथ पकड़ घर में ले आए। पत्नी पैर पकड़कर रोने लगी। औरत को दुनिया दिख गई थी। मास्टर दूसरी शादी कर ऐसे लापता हुआ कि साल भर से कहीं अता-पता नहीं था। फ़ोन नम्बर बन्द जाते। इधर फेकू लगातार मनाने में लगे थे। अच्छे-बुरे की परख वक़्त ने करा दी थी।

फेकू की दुनिया फिर से खरामा-खरामा पटरी पर लौटने लगी। भाई, दयाद कुछ कहते तो मौन धरे निकल जाते। पत्नी की नियुक्ति पास के गाँव में होने से सुबह उसे मोटरसाइकिल से छोड़ते और शाम को छुट्टी होने पर ले आते। घर की हालत बदल रही थी। छह महीने में चार कमरे का पक्का मकान खड़ा हो गया। फेकू औरत की ख़ुशी में अपनी ख़ुशी तलाशते उसे ख़ुश रखने की कोशिश में पढ़ने लगे तो मन पढ़ाई में रम गया।

फेकू ने एक दिन अपनी कविताओं की कॉपी मोनिका मैडम को दिखाई तो वह आश्चर्य से उछल पड़ीं। उस्मान मास्टर से कहकर रंगमंडल में एक दिन फेकू का काव्यपाठ रखा गया। मनोहर भी छुट्टियों में इब्राहिमपुर आया हुआ था। रविवार के दिन शाम को रंगमंडल के सभी साथी नियत समय पर एकत्रित हुए और काव्यपाठ शुरू हुआ। फेकू ने 'नाच' शीर्षक से कविता पढ़ी—

मैं नाच रहा था
तकली की तरह गोल-गोल
घूमती तकली में लिपटते तागे-सा मन
रमा था तुम्हीं में
मेरे राम!
तुम टूटना मत बीच से
मेरा भरोसा
तकली भर सूत है...
बुनते रहना जीवन की चादर
कि मेरा नाच तुम्हारे लिए है
मीरा की तरह प्रेम में...
मेरे राम!
तुम टूट कर बिखरना मत
पैरों में बँधे घुँघरू की तरह...
मेरे राम!
तुम हो तो जगत सोना है
तुम हो तो हवा महकती है
मिट्टी से उठती है सोंधी गन्ध
तुम तिनका-तिनका जीवन
मैं नाचता बेसुध...
मेरे राम!
तुम दर्पण
मैं माया
तुम शरीर
मैं छाया
रहना भर दीया प्रकाश बन

सुनो कबीर

जब बुझे मन का दीपक
बन जाना तुम बाती
मेरे राम!
मेरे राम...

मनोहर हतप्रभ फेकू को निहारता ताली बजाता रहा। उसने उस्मान को गले लगा शाबाशी दी कि उसने फेकू को किताबें पढ़ा कमाल करवा दिया। दुकान पर पत्रिकाओं की संगत में फेकू का नया जनम हो रहा था। फेकू ख़ाली समय में कविता, कहानी पढ़ते कविता का नया शिल्प गढ़ रहे थे। अपनी सतत साधना से फेकू ने उस दिन सबको अचम्भित कर दिया।

मोनिका ने फेकू की कॉपी ले कविताओं का व्याकरण दुरुस्त कर पत्र-पत्रिकाओं में छपने के लिए भेजा। मनोहर अपने चैनल पर फेकू का काव्यपाठ करा अलग उत्साहित था कि क्या कमाल की बात है कि कोई चालीस की उम्र में कविता की साधना कर रहा है। उस्मान का रंगमंडल इन दिनों अलग ही जोश से भरा साहित्य उत्सव की तैयारी में भिड़ा था जिसका आयोजक मनोहर का न्यूज चैनल झुल्लन टॉप था।

एक सुबह अख़बार में फेकू की तस्वीर के साथ उनकी कविता छपी। चौराहे पर उस दिन दिन-भर फेकू छाए रहे। पत्नी ने फ़ोटो खींच फ़ेसबुक और वाट्सएप पर स्टोरी डाली। बच्चे ख़ुश हो टोले में सबको दिखाते कि अख़बार में मेरे पापा का फ़ोटो छपा है। जिस प्रेम से वंचित फेकू ख़ुद को उपेक्षित मान अकसर अवसाद में घिर जाते आज वही 'ढाई आखर प्रेम' की पूँजी, महज़ एक कविता उन्हें दिला रही थी। वह उस्मान के गले लग भावुक हो फफक पड़े। उन्हें प्रेम की बेपनाह दौलत मिल चुकी थी।

ठौर-ठिकाना

वह हमेशा सफ़र में ही रहता है। उस्मान कहते हैं कि उसके पैर में चकरी बँधी है। वह ख़ुद को राहों का अन्वेषी मानता है, रमता जोगी, बहता पानी। पत्रकारिता का बड़ा नाम मनोहर, साल के चार महीने दिल्ली और आठ महीने देश-दुनिया की ख़ाक छानता है। साँवला रंग, इकहरा बदन, उम्र तीस से पैंतीस के बीच, लम्बाई छह फुट, आकर्षक व्यक्तित्व का स्वामी मनोहर रहनेवाला इसी शहर का है। माता-पिता की मौत के बाद भाइयों ने घर पर ऐसा क़ब्ज़ा जमाया कि अब उसके लिए अपने ही घर में एक कोठरी तक नहीं है। अपनी ज़मीन के मोह में वह भटकते हुए इधर आ निकलता है और उस्मान के रंगमंडल में शरण लेता है। साहित्य, संगीत, कला का मर्मज्ञ मनोहर हिन्दी कविता का चर्चित नाम है। इधर फ़ेसबुक के माध्यम से मोनिका भी स्त्री कविता में तेज़ी से जगह बना रही थी। इस इलाक़े के जितने साहित्य प्रेमी लोग थे उनकी शरणस्थली कैफ़ी आज़मी रंगमंडल का कार्यालय बनने लगा, ये बात अलग थी कि अब तक यहाँ केवल मर्दों की आवाजाही थी पर इधर मोनिका की धमक बढ़ी तो कुछ नए चमत्कार होने लगे।

कैफ़ी आज़मी रंगमंडल का कार्यालय अब सुरुचिपूर्ण हो गया, चीज़ें व्यवस्थित ढंग से रखी जाने लगीं। कैफ़ी आज़मी पुस्तकालय में किताबों

की आमद बढ़ने लगी। मोनिका ने कुछ बुक-रैक मँगाकर पुस्तकालय को पढ़ने की जगह में तब्दील किया। इस काम में फूफी और फेकू के समर्थन से मोनिका की पौ बारह रहती। उस्मान शुरुआत में तो बात-बात पर टोकते पर धीरे-धीरे आदी हो गए। मोनिका ने फ़ेसबुक के माध्यम से लेखकों से ग्रामांचल की लाइब्रेरी के लिए पुस्तकें दान करने की अपील की तो देखते-देखते पुस्तकों का ज़ख़ीरा खड़ा हो गया। मनोहर ने पोस्ट शेयर किया तो लोगों ने गम्भीरता से लिया। मनोहर और मोनिका की दोस्ती इन्हीं किताबों ने कराई और बहसों के बाद युद्ध और फ़ेसबुक पर ब्लॉक भी किताबें ही कराती थीं।

पुस्तकालय को सुसज्जित कर मोनिका ने गाँव के बच्चों के लिए पढ़ने की मेज़, कुर्सियाँ मँगाकर गर्मी की छुट्टियों में लेखन कार्यशाला का आयोजन किया। कार्यशाला में पाँच से चौदह साल के बच्चों का नामांकन शुरू हुआ। नामांकन का काम पिंकी को सौंप मोनिका और आरती मैडम गाँव में घर-घर जाकर बच्चों को जोड़ने का न्योता दे रही थीं। कुछ लोगों ने सकारात्मक तो कुछ ने नकारात्मक टिप्पणी की। कुछ मोनिका को देखते ही बिदक जाते कि इ तो लड़कियों को पूरा रणचंडी बनाने पर तुली रहती है। ख़ैर! जिसको जो कहना हो कहता रहे मोनिका और आरती मैडम ने इब्राहिमपुर चारों पट्टी में ख़बर दौड़ा दी कि एक महीना मुफ़्त में बच्चों को पढ़ना-लिखना और तबला-हरमुनिया बजाना सिखाया जाएगा।

गर्मी की छुट्टी होते ही कार्यशाला शुरू हो गई। फेकू के बच्चे, मुन्नी, स्वीटी की टोली कार्यशाला में समय से आ जाते। मनोहर इन दिनों इब्राहिमपुर में था और राहुल सांकृत्यायन पर फ़ेलोशिप के सिलसिले में कनैला, पन्दहाँ आता-जाता रहता था। उसने बच्चों को आज़मगढ़ के साहित्यकारों और सांस्कृतिक जगहों को अपने ख़र्चे से दिखाने का फ़ैसला लिया। रविवार को एक मिनी बस से बच्चों का दल उस्मान, फेकू, मोनिका और आरती मैडम के साथ नगर भ्रमण को निकला। बच्चों को शिबली कॉलेज, निजामाबाद की

ब्लैक पाटरी, मुबारकपुर का साड़ी उद्योग, राहुल सांकृत्यायन और कैफ़ी आज़मी का गाँव मेजवाँ, कनैला दिखाया गया और कहा गया कि इस टूर की रिपोर्ट लिखें। जिसकी रिपोर्ट सबसे अच्छी होगी उसे इनाम मिलेगा। बच्चे थककर चूर थे पर उत्साह इतना कि रात में ही लिखने बैठ गए।

ग्राम-प्रधान वसीम मियाँ को ख़बर लगी तो बच्चों के रोज़ के जलपान की व्यवस्था उन्होंने अपनी तरफ़ से कर दी। इन दिनों इब्राहिमपुर बच्चों के रंग और शब्दों की रंगत और चमक में नहाया मस्त मगन था कि एक बवाल हो गया।

किसी हिन्दू लड़की को मुसलमान आटोवाले ने छेड़ दिया। होने को छेड़खानी का मामला आए दिन का था पर आज कुछ हिन्दू लड़के अचानक कुछ ज़्यादा हिन्दू हो गए और आटोवाले को इतना मारा कि उसे अस्पताल में भर्ती कराना पड़ा। इन दिनों आबोहवा वैसे भी इतनी गरम थी कि जरा-सी आँच मिलते ही आग भड़क सकती थी।

जिसका डर था वही हुआ। देखते-देखते मामला हिन्दू-मुस्लिम हो गया और जब तक बड़े हस्तक्षेप कर मामला ठंडा करते लड़कों में भयानक मार-पीट हो गई। गाँव में इस क़दर दहशत फैली कि हिन्दू बच्चे कार्यशाला छोड़ घरों में बन्द हो गए। मोनिका लाख समझाती पर हिन्दुओं के तीनों टोले ने मियाने में बच्चों को भेजने से मना कर दिया।

उस्मान की मानसिक हालत ऐसे समय में बिगड़ गई और वह अजीबोग़रीब हरकतें करने लगे। सोते तो सोते ही रहते, जागते तो बड़बड़ाते रहते। बेवजह किसी से भिड़ जाते। मनोहर उस्मान को लेकर दिल्ली लौट गया। मोनिका ने हार नहीं मानी और मियाने के बचे हुए बच्चों के संग कार्यशाला पूरी कि और फ़ेसबुक पर तस्वीरें साझा करती रही। मनोहर मोनिका का मनोबल बढ़ाता और हर सम्भव मदद करता।

इस दुनिया में कुछ लोग ऐसे होते हैं जो हर हाल में इसकी सुन्दरता को बचाए रखना चाहते हैं। आप कालिख फेकेंगे वह रंग घोल लेंगे। आप

अक्षर मिटाएँगे वह शब्द खोज लेंगे। आप लाख कोशिशें कर लें पर ये जुनूनी अपनी धुन में मगन कुछ-न-कुछ जोड़ने की जुगत भिड़ाते रहेंगे। मोनिका और आरती ने ख़ूब सोच-विचार के बाद निर्णय लिया कि अगली कार्यशाला ऐसी जगह रखी जाए जो दोनों आबादियों के बीच की जगह हो और दोनों कौमों को वह अपना ही मुहल्ला लगे। आरती का एक मकान इब्राहिमपुर चौराहे पर था। चौराहा गाँव के बाज़ार के केन्द्र में था और सबकी दुकानें यहाँ क़तार से थीं। चूड़िहारिन सलमा बड़ी बी की चूड़ियों की दुकान पर ख़ूब रौनक रहती। औरतों की भीड़ सुबह से लग जाती।

फेकू की किताब-कॉपी की दुकान अलग गुलज़ार रहती। यह बाज़ार है और बाज़ार ने जिस ज़रूरत की भाषा का ईज़ाद किया है वह धर्म और जाति से बहुत ऊपर है। एक पुरानी कहावत है—'भूख न जाने जूठा भात, प्यास न जाने धोबी घाट, नींद न जाने टूटी खाट, काम न जाने जात-कुजात'। यह दुनिया आज भी ज़रूरत पर टिकी है, काम पड़े तो सब भला और बाज़ार के बग़ैर किसी का गुज़ारा नहीं। आरती ने पति से पूछकर अपने मकान के ऊपरी ख़ाली हिस्से को सहर्ष बच्चों को उपलब्ध करा दिया। आरती मैडम के पति उभरते हुए नेता थे, सो जनसम्पर्क का अच्छा माध्यम जान तुरन्त स्वीकृति दे दी। जानते थे कि गाँव में बच्चों और औरतों के माध्यम से लोगों तक बातें जल्दी पहुँचती हैं। आरती पति की मानसिकता जानती थी इसलिए राजनैतिक एंगल से प्रस्ताव रखा और सहजता से पति को राजी कर लिया। तय हुआ कि आगे से बच्चों के आयोजन बाज़ार वाले रंगमंडल में होंगे। इस तरह इब्राहिमपुर में अब कैफ़ी आज़मी रंगमंडल के दो केन्द्र हो गए और बच्चे स्कूल के बाद लिखने-पढ़ने और चित्रकारी के साथ-साथ रंगमंच की बारीकियाँ भी सीखने लगे। इस बार मोनिका ने शहर के चर्चित रंगकर्मियों अभिषेक पंडित और ममता पंडित से अनुरोध कर बच्चों के लिए रंगमंच आधारित कार्यशाला का आयोजन किया और बच्चों को रंगमंच से जुड़ने के लिए प्रोत्साहित किया।

कुआर का महीना लगते ही उस्मान मियाँ सरपट दिल्ली से गाँव भागे। वह दशहरा कैसे भूल सकते थे। साथ में मनोहर भी आया। इधर फेकू के निर्देशन में रामलीला की तैयारी चल रही थी और विशेष आकर्षण इस साल बच्चों की नाट्य प्रस्तुति थी।

उधर उस्मान के मन में यह डर बैठ गया था कि रंगमंडल बन्द हो जाएगा। उन्हें रात में सपने आते कि पुस्तकालय की किताबें फाड़कर जलाई जा रही हैं। वह सोए में चीख़ने लगते और पुस्तकालय की ओर भागते। अजीब हाल था उस्मान का। मनोहर अच्छे से अच्छे मनोचिकित्सक को दिखा रहा था। डॉक्टर यही कहते कि उस्मान को भरोसा दिलाया जाए कि किसी भी हाल में उनका रंगमंडल बन्द नहीं होगा।

चलाचली की बेला

उस्मान का अवसाद बढ़ता ही जा रहा था, विकास की आँधी गाँव को क़स्बे में बदल चुकी थी। चनरमा पंडित को रात-दिन बेटियों को लेकर भय बना रहता पर घर में बन्द करना भी विकल्प नहीं था। एक शाम मोनिका के पास पहुँचे और दुखी मन से कहा, "मैडम जी! लड़कियों को लेकर बहुत डर लगता है, कहीं जात-कुजात में शादी कर लीं तो चारों कुल नष्ट हो जाएगा मेरा।"

मोनिका जानती थी कि जाति का फन्दा आदमी के गले में तब सबसे बड़ी फाँस है जब मामला बेटियों का हो। चनरमा पंडित की बात सुन कुछ देर सोचती रही कि कैसे इन्हें ढाढ़स दिलाए। अन्त में बस इतना ही कह पाई, "समय बदल रहा है भइया, शिक्षा और स्वावलम्बन के सवाल सबसे बड़े हैं, उन पर अपना ध्यान केन्द्रित करिए। देखिए, बड़े-बड़े नेताओं और अभिनेताओं के बच्चे किसी भी जाति, धर्म में शादी करें उन्हें कोई फ़र्क़ नहीं पड़ता है। यह निम्नवर्ग और मध्यवर्ग ही है जो जाति के नाम पर सबसे ज़्यादा परेशान रहता है। जरा सोचिए कि लड़की यदि योग्य व्यक्ति के साथ ब्याह कर सुखी रहे तो कैसा होगा? जाति में शादी का परिणाम तो यही है। मुझे देखिए, मेरे साथ पढ़ने वाले बहुत से लड़के मुझसे शादी

करना चाहते थे पर घर में कोई तैयार नहीं हुआ और जहाँ शादी की वहाँ क्या हाल रहा आप देख ही रहे हैं। भइया, लड़कियों की चिन्ता भी वैसे ही करिए जैसे लड़कों की लोग करते हैं। वे पहले पढ़-लिखकर आत्मनिर्भर बनें फिर जीवन में आगे बढ़ें। मुझे ही देखिए, पढ़ी-लिखी थी तभी तो दुनिया से लड़ पा रही हूँ, वरना आज वैसे ही मार-पीट सह रही होती और शायद एक दिन मर-खप भी जाती।"

चनरमा ने उस दिन लड़कियों की शिक्षा पर लम्बी बातचीत की और तय किया कि बिना नौकरी लगे किसी की शादी नहीं करेंगे। मोनिका की संगत में पिंकी को यह बात समझ आ चुकी थी कि लड़कियों को यदि समानता चाहिए तो पहले पढ़-लिख कर आत्मनिर्भर बनना होगा।

इब्राहिमपुर गाँव की कहानियाँ ऐसे ही आगे बढ़ रही हैं। पिंटू उच्च शिक्षा के लिए बड़े शहर निकल चुका है। औरतें धीरे-धीरे बैंक, अस्पताल, हाट-बाज़ार अकेले निकलने लगी हैं। मनोहर का मन महानगर से उकता चुका था। वह अपने शहर लौट आया और एक राष्ट्रीय अख़बार का ब्यूरो चीफ़ बन उस्मान के घर में स्थायी डेरा डाल दिया। मोनिका और मनोहर के बीच प्रेम का अंकुरण हो रहा था। मनोहर ने उससे कई बार अपने मन की बात कही पर वह कोई उत्तर नहीं देती। वह मौन रहती और मनोहर मौन को स्वीकृति का एक अंश मान उम्मीदों से भरा कविता, कहानी लिखता।

दिन बीत रहे थे, सभी अपनी-अपनी भूमिका निभाते जीवन के रंगमंच पर आगे बढ़ रहे थे। इस साल जेठ की दुपहरी बहुत गर्म हो रही थी, लू के थपेड़े उठते और धूल-मिट्टी संग आसमान गर्द से भर जाता। उस्मान की विरक्ति बढ़ती जा रही थी। फेकू को मनोहर ने नया साहित्यिक नाम दिया—फेकू कबीर। अब वह फेकू कबीर के नाम से कविताएँ लिख रहा था। इस साल पिंकी का चयन एन.एस.डी. में हुआ तो रंगमंडल का उत्साह देखते ही बनता था।

उधर उस्मान को भूलने की बीमारी शुरू हो गई। डॉक्टर कहते कि ये अवसाद की दवा अधिक खाने का दुष्परिणाम है। उस्मान अब लोगों के पहरे में रहने लगे। अकसर डफली लेकर भरी दुपहरी में निकल जाते और कबीरा गाने लगते।

इधर एक अजीब परिवर्तन हुआ था। वह उस्मान पुकारने पर कहते कि वह उस्मान नहीं कबीर हैं। सब उनकी हँसी उड़ाते पर इस हँसी से अविचलित वे कबीर वाणी गाते और सबसे पूछते कि बताओ कैसा लिखा है। मनोहर की चिन्ता बढ़ती जा रही थी। घर से निकलते तो अकसर खोजना मुश्किल हो जाता। एक रोज़ ऑटो पकड़कर शहर निकल गए। पूरा गाँव खोज-खोज कर थक गया। दो दिन निकल गए। थक-हार कर मोनिका ने पुलिस में रिपोर्ट लिखवाई। हफ़्ता बीत गया पर पुलिस खोजने में कामयाब नहीं हुई। अख़बारों में फ़ोटो छपे। दस दिन बाद पुलिस ने ख़बर की कि चोटिल हो सरकारी अस्पताल में भर्ती हैं।

सुनते ही रंगमंडल के साथी अस्पताल भागे। उस्मान को गहरी चोटें आई थीं, देखकर मोनिका रोने लगी। प्रशासन की मदद से मनोहर ने उस्मान को बड़े अस्पताल में भर्ती कराया। माह भर बाद उस्मान घर लौटे, बूढ़ी फूफी देखते ही फफककर रो पड़ीं। लम्बा-चौड़ा छह फुट का आदमी चारपाई में चिपक गया था। उस्मान की स्थिति में नियमित दवाओं से थोड़ा सुधार तो हुआ था पर रह-रह कर उन्हें झक उठती और डफली लेने के लिए उठने की कोशिश करते।

ये तो शुक्र था कि सरकारी नौकरी में होने से मेडिकल लीव मिल गई और वेतन मिलता रहा, नहीं तो आर्थिक समस्या उठ खड़ी होती और इलाज कराना मुश्किल हो जाता।

एक्सिडेंट के बाद से चलने-फिरने में काफ़ी दिक़्क़त रहती। शरीर गलता जा रहा था, स्मृति नष्ट हो रही थी। भाइयों ने देखा कि उस्मान का अन्त निकट है तो तीमारदारी के नाम पर घर में डेरा डाल लिया। आख़िर वह

भाई थे और उस्मान की जायदाद पर उन्हीं का हक था। मनोहर, मोनिका और रंगमंडल के साथियों को उस्मान से मिलने नहीं दिया जाता। पता नहीं भाई कौन सी दवा कर रहे थे कि उस्मान उठने के बजाय बिस्तर पर गलते जा रहे थे। मनोहर से कई बार झड़प भी हुई भाइयों की, मामला हाथा-पाई तक पहुँचा पर उस्मान से मिलने नहीं दिया गया।

देखते-देखते रंगमंडल पर ताला लग गया। पुस्तकालय का बोर्ड हटा दिया गया। यह बात मनोहर और मोनिका के लिए किसी सदमे की तरह थी। वह लाख कोशिशों के बाद भी कुछ नहीं कर पा रहे थे। रंगमंडल के कलाकार हताश और निराश थे।

एक सुबह मोनिका के पास उस्मान के इन्तक़ाल का फ़ोन आया। इन दिनों मनोहर और मोनिका साथ में रहने लगे थे। सुनते ही दोनों उस्मान के घर पहुँचे। रंगमंडल के साथी शोकसभा के बाद उस्मान को सुपुर्दे-खाक करने की गुज़ारिश कर रहे थे। घरवाले आनन-फ़ानन दफ़नाना चाहते थे।

रंगमंडल के सभागार में बहुत कहने-सुनने पर उस्मान की लाश परिवार वालों ने रखने दी। एक अलमस्त फ़क़ीर की अन्तिम-यात्रा में शामिल होने के लिए दोनों कौमों के लोग आपसी गिले-शिकवे मिटाकर इकट्ठे होने लगे। मनोहर और मोनिका के पास अचानक फूफी एक थैला लिए आई। साथ में मुनव्वर वकील साहब भी थे। मुनव्वर ने सबको लिफ़ाफ़े में से निकालकर कुछ पढ़कर सुनाने की अपील की। लोग जहाँ के तहाँ मौन खड़े हो गए। मुनव्वर ने काग़ज़ पढ़ना शुरू किया, माहौल में एकदम से खलबली मच गई। उस्मान ने ट्रस्ट बनाकर अपनी सारी जमा-पूँजी ट्रस्ट के नाम कर दी थी। भाई मुनव्वर पर बिफर पड़े, पेपर लेकर कभी पढ़ते तो कभी किसी जानकार को दिखाते। अन्त में वकील को बुलाकर तहक़ीक़ात की और जैसे ये स्पष्ट हुआ कि उस्मान की एक ईंट तक उनको नहीं मिलेगी, गाली बकते मय्यत छोड़कर चले गए।

ख़ैर, रंगमंडल के साथियों तथा शहर के बौद्धिक लोगों और गाँव के हिन्दू-मुसलमान संगियों ने उस्मान को कन्धा दे सुपुर्दे-ख़ाक किया। फूफी मोनिका को पकड़कर घंटों रोती रहीं। फेंकू के आँसू रोके नहीं रुकते थे। मोनिका ने फूफी को समझाया, "फूफी ये घर आपका है, आप आगे जैसा कहेंगी हम वैसा ही करेंगे।"

फूफी ने दुपट्टे से आँसू पोंछते हुए कहा, "ये घर कहाँ है बेटी, ये तो उस्मान की ख़्वाबगाह है। उसने कितने ख़्वाब देखे थे, अब तुम लोगों को ही उसके अधूरे ख़्वाब पूरे करने हैं।"

उस रात सारे साथी फूफी संग उस्मान के घर में रुके। चालीसे तक कोई न कोई फूफी के साथ रहता। आगे मनोहर ने फूफी से मशवरा कर कुछ ज़रूरतमन्द बच्चों के पढ़ने के लिए आगे के कमरे में व्यवस्था कर दी। फूफी की तीमारदारी के लिए एक औरत को रखा और धीरे-धीरे रंगमंडल की सक्रियता बढ़ाने का फ़ैसला लिया।

एक शाम फूफी ने मनोहर को अकेला बैठा देख पास बुलाया और उस्मान के कमरे मे ले गईं। बोलीं, "बेटा! मेरा क्या है, अब चलाचली की बेला है, कब बुलावा आ जाए, कोई ठिकाना नहीं है। ये उस्मान की आलमारी और बक्से की चाभी है। उसने एक दिन मुझसे कहा था कि यदि वह नहीं रहता है तो चाभी मैं तुम्हें सौंप दूँ।"

कहते-कहते फूफी रोने लगीं। मनोहर ने चुप कराया और आलमारी खोली। दो-चार कपड़ों के अलावा पूरी आलमारी डायरियों से भरी थी। मनोहर ने एक डायरी उठाकर खोली। पूरी डायरी गजलों से भरी थी। एक-एक डायरी को वह आधी रात तक उलटता-पलटता रहा। फूफी बीच-बीच में चाय बनाकर देती रहीं। इन्तज़ार करते-करते मोनिका ने फ़ोन किया, "कहाँ रह गए इतनी रात तक, एक फ़ोन तो कर देते।"

"सॉरी यार! जानती हो, उस्मान कितना बड़ा लेखक था?" मनोहर ने लम्बी साँस छोड़ते हुए कहा।

"कुछ गजलें सुनी तो थीं पर तुम हो कहाँ?" मोनिका ने सवाल किया।

उस्मान भाई के कमरे में। उनकी आलमारी की चाभी आज फूफी ने दी और कहा कि अब यह सब मेरे हवाले है। मैंने तो सोचा कि कुछ माल-असबाब होगा पर यहाँ तो पूरा ख़ज़ाना है। कविताओं और ग़ज़लों से बीसियों डायरियाँ भरी पड़ी हैं। भाई ने कभी किताब नहीं छपवाई और लिख-लिख कर यहाँ आलमारी में तहाते रहे।

"ओह! तो आज आप पढ़ने बैठ गए, इसीलिए आधी रात तक किसी की सुध नहीं रही।" मोनिका ने हँस कर कहा।

मनोहर मोनिका के फ़ोन के बाद घर लौट आया। वह अगले ही दिन से ही मोनिका के साथ मिलकर डायरियों की रचनाओं को सम्पादित करने में जुट गया। एक साल के भीतर बारी-बारी से उस्मान की दस किताबें प्रकाशित हुईं। साहित्यिक गलियारों में ख़ूब चर्चा हुई। मनोहर ने तय किया कि उस्मान की पुण्यतिथि को रंगमंडल एक साहित्यिक और सांस्कृतिक उत्सव के रूप में मनाएगा, यहीं उनके गाँव में। मोनिका नाटकों की तैयारी में जुट गई। फेकू के निर्देशन में 'अंधेर नगरी चौपट राजा' नाटक का मंचन आरंगम से होते हुए भारंगम तक पहुँचा। उस्मान ने जो ख़्वाब देखा था उसे कैफ़ी आज़मी रंगमंडल बख़ूबी अंजाम दे रहा था।

सुनो कबीर!

कबीर कभी मरते नहीं। वह हर उस आदमी में ज़िन्दा हैं जो इस दुनिया को रास्ता दिखाता है। जो इस दुनिया में रहने वाले लोगों को ठोंक-पीट कर आदमी बनाता है। हाँ, उस्मान कबीर था, पोथी लिख-लिख रखता गया। अपने नाटकों के माध्यम से जीते जी और मरने के बाद अपनी ग़ज़लों और कविताओं के माध्यम से हमारी अँधेरी दुनिया में रोशनी फैलाने वाला हमारा नायक उस्मान हर उस बन्धन से मुक्त है जो आदमी को आदमी से अलग करना चाहता है, उसकी एक कविता का अंश देखिए—

तुम जहाँ-जहाँ सूराख़ करोगे,
मैं भरता जाऊँगा,
तुम काटने की हद तक काटोगे
मैं सिलता जाऊँगा
तुम हर बार हारोगे
मैं जीतूँगा युद्ध
तुम्हारे विरुद्ध
क्योंकि तुम हथियार से लड़ते हो

मारे जाओगे
मैं शब्द से गढ़ता हूँ
इसलिए बचा रहूँगा
बचा लूँगा सब कुछ
बचा लेने की ज़िद तक

इस दुनिया को बचाने के लिए एक कबीर, एक गांधी, एक बुद्ध बहुत हैं। जब शोर बढ़ेगा, ये इस दुनिया में आएँगे और अपने मुट्ठी-भर प्रयासों से इतना कुछ तो बचा ही लेंगे कि विनाश के बाद भी बचे रहने की सम्भावनाएँ बनी रहें।

उस्मान सम्भावनाओं का नाम है। ऐसे लोग मरने के बाद ज़्यादा जीते हैं। उस्मान अब अपने हाड़-मांस के शरीर से निकल अपने विचारों के साथ हम सब में समाहित हो गया है। कहते हैं कि जो ज़र्रा यहाँ से उठता है, वो नैयर-ए-आज़म होता है।

उस्मान मेरा यार, मेरा भाई हम सब में ज़िन्दा है और उसके बचा ले जाने का ख़्वाब हम सबकी आँखों में ज़िन्दा है। मैं उसे विदा कभी नहीं कहूँगा। वह मेरी हर यात्रा में मेरे साथ रहेगा, आख़िरी साँसों तक।

मनोहर जब बोलकर अपनी कुर्सी पर बैठा तो सभागार तालियों की गड़गड़ाहट से गूँज उठा। उस्मान की जीवनी 'सुनो कबीर' के विमोचन का अवसर था। मोनिका ने सभा की समाप्ति पर बाहर निकलते हुए पीछे से मनोहर को आवाज़ दी—

सुनोऽऽऽ कबीर!

वह पलट कर मुस्कराया और दोनों एक-दूसरे की हथेलियों को थाम आगे बढ़ गए।